XIANGCUN ZHENXING ZHANLUE BEIJING XIA
ZENGQIANG JICENG ZHENGFU ZHIXINGLI YANJIU

乡村振兴战略背景下
增强基层政府执行力研究

苏曼丽 著

法律出版社
LAW PRESS · CHINA
——北京——

图书在版编目（CIP）数据

乡村振兴战略背景下增强基层政府执行力研究 / 苏曼丽著. -- 北京 : 法律出版社, 2025. -- ISBN 978 - 7 - 5244 - 0470 - 5

Ⅰ. F320.3;D625

中国国家版本馆 CIP 数据核字第 2025F7W965 号

乡村振兴战略背景下增强基层政府执行力研究

XIANGCUN ZHENXING ZHANLÜE BEIJING XIA ZENGQIANG JICENG ZHENGFU ZHIXINGLI YANJIU

苏曼丽 著

策划编辑 董　昱
责任编辑 董　昱
装帧设计 鲍龙卉

出版发行 法律出版社
编辑统筹 法规出版分社
责任校对 张红蕊
责任印制 耿润瑜
经　　销 新华书店

开本 710 毫米×1000 毫米　1/16
印张 15.25　**字数** 177 千
版本 2025 年 7 月第 1 版
印次 2025 年 7 月第 1 次印刷
印刷 北京建宏印刷有限公司

地址:北京市丰台区莲花池西里 7 号(100073)
网址:www.lawpress.com.cn
投稿邮箱:info@lawpress.com.cn
举报盗版邮箱:jbwq@lawpress.com.cn

销售电话:010 - 83938349
客服电话:010 - 83938350
咨询电话:010 - 63939796

书号:ISBN 978 - 7 - 5244 - 0470 - 5
定价:68.00 元

凡购买本社图书,如有印装错误,我社负责退换。电话:010 - 83938349

前 言

全面推进乡村振兴、加快建设农业强国，是党中央着眼全面建成社会主义现代化强国作出的重大战略部署。党的二十大报告强调，“全面建设社会主义现代化国家，最艰巨最繁重的任务仍然在农村”。在乡村振兴战略进程中，基层政府作为直接执行者，承担着相关政策在基层的具体实施工作。全面实施乡村振兴战略的深度、广度、难度都不亚于过去的脱贫攻坚。增强基层政府执行力对全面推进乡村振兴、实现建设农业强国战略目标具有十分重要的意义。

本书通过文献梳理和调查研究发现，总体来看，我国基层政府执行力处于较高水平。但随着我国进入全面推进乡村振兴阶段，在一些地方，基层政府的执行力问题逐渐显现，具体表现为选择性执行、低效率执行、机械执行、形式上执行、变通执行、不敢执行等。针对调研发现的问题，本书从执行主体、执行机制、执行环境以及执行资源等四个方面对影响基层政府执行力的关键要素进行分析。研究发现，基层政府干部的宗旨意识、担当意识、法治观念、内生动力、能力素质等干部自身因素是影响基层政府执行力的首要因素。其次是基层政府执行力的机制因素，包括激励机制、考核评价机制、监督机制、政策制定等。再者是基层政府执行力的环境因素，包括政治环境、经济环境、社会环境以及法治环境等。最后是基层政府执行力的资源因素，包括财政投入、权责匹配、执行流程、信息公开等。

因此，在全面推进乡村振兴过程中，要加强基层干部的党性修养，进一步锻造优良作风；强化基层干部的教育培训，提高培训的实效性；提高基层干部的专业能力，增强服务群众工作本领；养成良好的执行习惯，提高基层干部的综合素质；完善基层政府的执行机制，确保考核评价客观公正；营造良好的执行环境，培育高效的执行文化；合理配备执行资源，奠定执行的现实基础。

目 录

第一章 绪 论

基层政府作为乡村振兴战略的重要执行者，其执行力的高低，直接影响政策目标的实现。乡村振兴战略实施以来各地取得了一些成果，同时也暴露出基层政府执行力存在的一些问题。本书在乡村振兴战略背景下，以基层政府执行力为研究对象，以调查研究为基础，结合相关理论，提出增强基层政府执行力的对策建议，助推我国乡村振兴战略的顺利实施。

一、研究背景与研究意义

习近平总书记在党的二十大报告中强调，“全面建设社会主义现代化国家，最艰巨最繁重的任务仍然在农村”。党的十九届四中全会强调：“健全强有力的行政执行系统，提高政府执行力和公信力。”[1]乡村振兴战略是新时代党中央立足我国发展实际，顺应广大人民群众对美好生活向往提出的重大决策部署。制度的生命力在于执行，再好的蓝图若没有强有力的执行也是空中楼阁。基层政府作为乡村振兴战略的重要执行者，其执行力的高低，直接影响政策目标的实现。

---

〔1〕《中共中央关于坚持和完善中国特色社会主义制度 推进国家治理体系和治理能力现代化若干重大问题的决定》，载《共产党员》2019 年第 23 期。

（一）研究背景

基层政府执行力不仅影响国家政策的实施，还直接关系到广大人民群众的幸福感和获得感，影响基层治理效能，也影响基层社会的经济社会稳定与发展。正如学者所言："政策导向虽然源于中央，但政策推进必须依托基层政府，这是一个无法逾越的环节。"[1]

乡村振兴战略是解决新时代我国社会主要矛盾、实现"两个一百年"奋斗目标和中华民族伟大复兴中国梦的必然要求，具有重大现实意义和深远历史意义。这一战略涵盖产业、人才、文化、生态、组织等多个维度，旨在全方位推动乡村的发展与繁荣，是一项复杂且系统的长期工程。基层政府作为乡村振兴战略的直接执行者和推动者，其执行力的强弱直接关系到乡村振兴各项政策措施能否落地见效。在乡村振兴的实践中，基层政府承担着贯彻落实上级政策、整合调配资源、组织动员群众、推动项目实施等关键职责。

然而，由于乡村振兴战略是一项浩大的工程，具有复杂性和长期性的特征，基层政府在执行乡村振兴战略过程中面临着一系列挑战和问题，例如：财政资金短缺限制了基础设施建设和产业扶持项目的推进；基层人才流失严重，导致在推动农业现代化、乡村治理等方面缺乏专业人才支撑；部分基层干部对政策理解不深、执行不到位，存在形式主义现象；不同部门之间协调合作不畅，出现推诿扯皮，影响工作效率和政策连贯性等。

因此，本书在乡村振兴战略这一背景下，以基层政府执行力为研究对象，以调查研究为基础，结合相关理论，深入剖析问题背后的诱因，探索增强执行力的有效路径和策略，对于确保乡村振兴战略目标

---

〔1〕 赵树凯：《乡镇治理与政府制度化》，商务印书馆 2010 年版，"导言"。

的顺利实现、推动乡村经济社会持续健康发展、提升基层治理效能以及巩固党的执政基础都具有重要的理论与实践价值，能够为优化基层政府治理、推动乡村全面振兴提供有力的理论支持和实践指导，助力解决“三农”问题，补齐农业农村短板，促进城乡融合发展，让广大乡村地区和农民群众共享国家发展成果，助力我国乡村振兴战略的顺利实施。

从学术价值看：一是有助于拓展和细化政府执行力的研究内容。一方面，本书以乡村振兴战略为背景研究基层政府执行力问题，有助于丰富和拓展政府执行力的研究视野。另一方面，针对基层政府的执行力进行研究，研究对象明确具体，具有较强针对性，细化了执行力问题研究的内容。二是促进执行力研究方法的创新发展。本书从政治学、管理学、社会学、组织行为学等多学科理论分析政府执行力的现状及影响因素，形成一个完整的理论分析框架，有助于创新和深化执行力的研究视角。三是充实政府执行力的研究案例。本书深入基层进行充分的调查研究，将基层政府干部和群众作为调研对象，通过实证研究分析方法，分析当前基层政府执行力的现状，充实政府执行力的研究案例。

（二）研究意义

新时期增强基层政府执行力意义重大，是马克思主义实践观的核心要义；还是实现乡村振兴战略的必然要求；也是践行群众路线的根本要求；同时是建设高效政府的基本保障；是建设服务型政府的关键前提；也是提升基层政府公信力的重要内容；更是贯彻落实国家方针政策的根本要求。

1. 增强基层政府执行力是马克思主义实践观的核心要义

实践的观点是马克思主义的基本观点，不仅是认识世界的基本工具，也是改造世界的重要武器。邓小平同志曾指出："世界上的事情都是干出来的，不干，半点马克思主义都没有。"[1] 实践的观点告诉我们，只有被实践证明了的才是真理，否则都是空中楼阁。实践就是落实，就是执行，是知行合一的重要环节。习近平总书记反复强调空谈误国、实干兴邦，一分部署、九分落实的理念，就是基于对马克思主义实践观的深刻认识。正如老子所言，"道阻且长，行则将至"。我国乡村振兴战略发展还在起步阶段，一系列相关政策的推行落地，必然要求基层政府始终以马克思主义实践观为基本原则，在政府层面，各级干部都要有强烈的责任心和实干的精神，使乡村振兴战略惠及全体基层群众。

党的百年奋斗历程，充分说明了马克思主义实践观的强大生命力和推动经济社会发展的积极作用。历史经验反复证明，我们所有的伟大成就不是敲锣打鼓实现的，也不是喊口号喊出来的，而是实干干出来的。政府的执行力高低反映了我们践行马克思主义实践观的水平高低。"两个结合"进一步深化了马克思主义中国化的丰富内涵和对我们实现中国式现代化的强有力的推动作用。党的二十大擘画了中国第二个百年奋斗目标的宏伟蓝图。这也是广大中华儿女的共同心愿。实现伟大梦想，需要进行伟大斗争，基层政府作为伟大梦想的重要推动者，必须以实干的精神，团结基层干部以敢于啃硬骨头的决心和毅力，汇聚基层群众的智慧和力量。

实践的观点要求政府在贯彻落实的过程中，始终坚持实事求是原则，这是基层政府执行力的基本出发点。基层政府应切实围绕基层

---

〔1〕《邓小平文选》(第2卷)，人民出版社1994年版，第221页。

实际开展各项工作，以群众需求为导向，以基层社会发展和群众需求为目标，以锲而不舍、求真务实的态度贯彻落实好党中央对基层的各项要求。实践的观点就是不能脱离实际、不能好高骛远、不能犯经验主义或者本本主义的错误。基层政府执行力强调围绕基层中心任务，既要有心怀“国之大者”的战略高度，也要有“下接地气”的扎实态度，兼顾中央精神和地方实际，切实落实好各项政策措施。党和国家事业的发展离不开有效的落实，再好的蓝图没有执行力也是镜中月、水中花。只有强有力的执行，才能扎实有序推进各项工作。从中央到地方，各项工作的推进，最后的落脚点就在基层，基层政府的执行力就决定了各项方针政策的贯彻落实情况。

2. 增强基层政府执行力是实现乡村振兴战略的必然要求

（1）基层政府执行力是政策有效传导与精准落实的保障。

乡村振兴战略是一个系统性的国家战略，涵盖了众多的政策文件和规划部署。这些政策从中央到地方层层下达，基层政府处于政策传导的末端环节。基层政府执行力的强弱直接决定了政策能否从文件和规划变为农村地区实实在在的行动。例如，国家关于农村产业融合发展的政策，需要基层政府准确地向农村企业、合作社和农民传达政策意图，包括税收优惠、用地支持等具体内容。如果基层政府执行力不足，可能会导致政策在传达过程中出现误解或遗漏，影响农村产业融合的推进。

每个地区都有其独特的地理、经济、文化等特点，这就要求政策在落实过程中必须因地制宜。基层政府最了解当地农村的实际情况，只有具备较强的执行力，才能将政策与当地实际相结合，实现精准落实。以农村基础设施建设政策为例，在山区农村，基层政府需要根据山区地形和居民分布情况，合理安排道路建设、水利设施修缮等项目；对于人口密集的平原农村，可能更侧重于污水管网建设和公共交通设施的改善。如果基层政府执行力不强，就难以根据这些差异进行精准的政策落实，可能会出现资源浪费或者农村实际需求得不到满足的情况。

乡村振兴的目标是十分明确的，根本在于推动“三农”问题的有效解决，提升乡村群众的生活水平。这一目标的实现就要以高效的基层政府执行力为基本前提，扎实推动乡村产业、人才、文化、生态、组织振兴。基层政府尤其是乡镇政府在其中发挥着无可替代的作用。乡镇政府要明确自身角色定位和使命任务，以时不我待的紧迫感，攻坚克难，汲取脱贫攻坚的经验教训，以更大的勇气和魄力，更强的敬业精神和专业能力，推进乡村全面振兴。

（2）基层政府执行力是资源高效整合与合理配置的前提。

乡村振兴需要大量的资源投入，包括资金、人才、土地等。基层政府执行力的增强有助于整合这些分散的资源。实施乡村振兴战略更加突出农民的主体地位。将各项惠农政策不折不扣地落到实处，要求基层政府提高自身执行力，协助乡村群众充分发挥其在乡村生产和经营中的主体地位。在乡村振兴过程中，基层政府就是整合乡村资源、激发乡村活力的关键要素。

在资金方面，基层政府可以通过争取上级专项资金、引导社会资本投入、整合农村集体资金等多种方式，为乡村振兴筹集资金。例如，一些地方基层政府通过成立乡村振兴产业基金，吸引金融机构、企业和社会公益组织的资金，用于农村产业项目开发和基础设施建设。

在人才资源整合上，基层政府能够发挥积极作用。它可以通过与高校、科研机构合作，引进农业技术人才和管理人才，同时挖掘和培养本土人才。比如，组织农村青年参加农业技术培训和创业培训，将他们培养成为农村产业发展的骨干力量。

对于土地资源，基层政府可以协调土地流转，将分散的土地集中起来，实现规模化经营，提高土地利用效率。如果基层政府执行力不足，这些资源就难以有效整合，无法满足乡村振兴复杂多样的资源需求。

仅仅整合资源还不够，还需要合理配置资源才能实现乡村振兴的效益最大化。基层政府凭借其执行力，能够根据农村产业发展、生态保护、公共服务等不同领域的需求，合理分配资源。例如，在农村产业发展初期，将更多的资金和人才资源投入到有发展潜力的产业项目上，如特色农产品种植和加工。同时，根据农村生态环境的承载能力，合理安排生态旅游等项目的用地和资金投入。如果基层政府缺乏执行力，资源配置可能会出现盲目性，导致一些项目过度投资，而一些真正需要资源的领域却得不到足够的支持，影响乡村振兴战略的整体效益。

(3) 基层政府执行力是有效协调多方利益与凝聚共识的基础。

乡村振兴的发展必然要求乡村群众积极参与，但是群众参与必须政府带头发动，并且给予科学的指引和组织协调各项政策落地。作为直接面对乡村的基层政府，其执行力的高低，就根本决定了乡村振兴战略的实施情况。乡村振兴战略涉及众多利益主体，包括农民、农村企业、合作社、外来投资者等。基层政府作为最贴近农村的行政机构，必须具备强大的执行力来协调这些利益主体之间的关系。例如，在农村土地流转过程中，农民希望获得合理的租金收入和土地权益保障，企业则希望以较低的成本获得土地使用权并实现盈利。基层政府需要通过有效的沟通、协商和监管，确保双方的利益都能得到兼顾。同时，在农村产业发展过程中，不同的企业和合作社之间可能会存在竞争关系。基层政府要通过产业规划和政策引导，协调它们之间的利益，促进合作共赢。

乡村振兴是一个长期而艰巨的任务，需要全体农村居民和社会各界的共同努力。乡村振兴的发展涉及的主体不仅有乡镇普通群众，还有致力于乡村发展的各类乡贤和产业带头人。为协助这些群体更好地开展乡村振兴工作，基层政府需要出面进行合理的支持和协调，提供各种必备的资源支持，并在遇到问题时，及时提供帮助。基层政府可以通过宣传教育、示范引领等方式，让农民了解乡村振兴战略的意义和目标，激发他们的积极性和主动性。例如，开展乡村振兴成果展示活动，让农民看到身边的成功案例，如农村新貌、农民增收等，增强他们对乡村振兴的信心。同时，基层政府还可以组织村民议事会、乡村振兴座谈会等活动，广泛听取农民的意见和建议，将他们的想法融入乡村振兴的规划和行动中，形成全民参与、共同推进乡村振兴的良好氛围。

实施乡村振兴战略，要求基层政府站在新时期的高度，重新审视乡村人文环境、基础设施、乡村群众诉求的新变化。基层政府应以乡村治理为抓手，突破传统思维理念，采取新的执行手段，满足当下维权意识和民主意识逐渐提高的乡村群众的需要。基层政府要由管理向治理改变，由政府主导向群众需求转变，以“帮、扶、导”为抓手，激发农村经济发展活力，提升乡村发展的内生动力，促进乡村发展从传统产业向现代化转型。

3. 增强基层政府执行力是践行群众路线的根本要求

群众路线是党的根本路线，强调基层政府执行力正是践行群众路线的根本要求。一切从群众中来，就是要求我们要依靠群众的智慧，通过深入基层调研，加强与基层群众的互动，向群众学习解决问题的办法，这也是基层政府的主要职能之一。到群众中去，就是要求基层政府所有行政行为的最终目的都是解决群众的诉求，这也有赖于基层政府的执行力。

（1）基层政府执行力是准确理解群众需求的基础。

践行群众路线首先要了解群众的真实需求和想法。基层政府只有具备较强的执行力，才能有效组织工作人员深入农村、社区等基层一线进行调研。例如，通过开展问卷调查、实地访谈、蹲点观察等方式，全面收集群众在就业、教育、医疗、住房等方面的需求。在农村地区，基层政府工作人员可以深入农户家中，了解农民对于农业生产技术支持、农产品销售渠道拓展、农村基础设施建设等的具体需求。

群众的利益诉求是复杂多样的，而且随着社会的发展和环境的变化而不断变化。基层政府执行力强，就能更好地对收集到的信息进行分析和归纳，精准把握群众的核心利益诉求。比如，在街道社区，居民随着生活水平的提高，对社区环境美化、文化活动丰富等方面的需求日益增加。基层政府需要通过高效的数据分析和问题梳理，区分不同层次、不同群体居民的利益重点。

同时，基层政府要能够从群众的各种诉求中提炼出共性问题和个性问题。对于共性问题，如普遍关注的社区公共安全问题，要通过统一的政策措施和公共服务来解决；对于个性问题，像个别居民家庭的困难救助等，要采取有针对性的帮扶措施。只有准确把握这些利益诉求，基层政府在执行政策和提供服务时才能真正做到有的放矢，符合群众路线的要求。

（2）基层政府执行力是有效落实群众政策的关键。

增强基层政府执行力能够确保政策制定过程充分吸纳群众意见。

在政策起草阶段，基层政府可以通过召开听证会、居民议事会、村民代表大会等形式，广泛征求群众对政策内容的建议。例如，在制定农村土地流转政策时，邀请农民代表、农村企业代表、农业专家等共同参与讨论，让农民充分表达自己对土地流转价格、流转期限、土地用途等方面的意愿，使政策内容能够充分反映群众的利益。

政策的生命力在于执行，而执行的目的是让群众受益。基层政府执行力强，就能保证政策高效、公正地实施，使广大群众真正享受到政策带来的实惠。例如，在乡村振兴实践中，为推广特色农产品种植，政府工作人员迅速行动，挨家挨户讲解政策、提供技术指导，还联系电商拓宽销路。种植户从观望到踊跃参与，农产品畅销，农民增收显著。

同时，基层政府在政策执行过程中要保持透明度，让群众清楚地了解政策的执行情况。通过政务公开、信息公示等方式，及时向群众公布政策执行的进度、资金使用情况、受益对象名单等信息。例如，在农村危房改造政策执行中，将改造户名单、改造标准、资金补贴金额等信息在村里进行公示，接受群众监督，确保政策执行得公平公正，使政策惠及每一个符合条件的群众。

（3）基层政府执行力是积极回应群众关切的保障。

基层政府处于与群众直接接触的前沿阵地，群众在日常生活中会遇到各种各样的问题，如邻里纠纷、环境脏乱差、办事流程烦琐等。基层政府执行力强，就能迅速对这些问题作出反应。例如，建立快速响应的投诉处理机制，当群众拨打政务服务热线反映垃圾清运不及时的问题时，基层政府能够立即安排相关部门进行处理，明确责任人和处理时限，及时解决群众的生活困扰。

在政策执行和社会事务管理过程中，难免会出现群众与政府、群众与群众之间的矛盾。基层政府执行力的增强有助于其主动开展沟通协调工作，化解这些矛盾。例如，在征地拆迁工作中，部分居民可能对拆迁补偿标准不满意。基层政府要通过耐心细致的沟通，向居民解释拆迁政策的合法性和合理性，同时听取居民的意见和诉求，在政策允许的范围内争取合理的解决方案。基层政府还可以通过组织调解会、协商会等形式，引导群众以理性、合法的方式表达诉求，共同协商解决矛盾。

群众路线是我们党从胜利走向新的胜利的法宝，不断提高基层政府的执行能力就是要坚持我们的法宝。我们要始终坚持人民至上的执政理念，按照紧紧依靠群众、一切为了群众的基本原则，把党中央决策部署落实到位。新时期坚持群众路线，就是要把党的各项方针路线和时代使命相结合，以全心全意服务群众为己任，以求真务实、真抓实干的精神，切实做好调查研究工作，倾听群众呼声，围绕乡村振兴的中心工作，凝聚群众的智慧和力量，把各项工作落到实处。

4. 增强基层政府执行力是建设服务型政府的关键前提

随着我国经济社会制度的变迁，行政管理体制也经历了巨大的变革。经过若干次规模较大的改革和调整，具有中国特色、与社会主义市场经济相匹配的行政管理体制逐步形成。[1] 推进基层治理能力现代化建设要以优化政府机构职能、协同高效执行为着力点，完善公共服务供给水平，并按照“放管服”改革要求，进一步激发市场活力，同时提高监管的水平，以服务好群众为落脚点。推进“放管服”改革以来，政府的行政效能有了较大的提高，但是与经济社会发展水平以及人民群众的期盼还有距离。政府执行力提升的目的就是要加

〔1〕 光明日报评论员：《建设人民满意的服务型政府》，载《光明日报》2019 年 11 月 5 日，第 1 版。

强各部门之间的衔接，严格落实要求，明确责任分工，做到协同推进。另外，要抓好统筹推进，协调各方发展过程中的矛盾，解决意见分歧，凝聚共识。

“服务型政府理念是提升政府执行力的内驱力，而政府执行力的提升是构建服务型政府的关键。”[1] 服务型政府要求政府做到“为公、为民”。正如马克思、恩格斯在《共产党宣言》中指出的，“无产阶级的运动是绝大多数人为绝大多数人谋利益的独立自主的运动”[2]。服务型政府建设从服务重心到治理方式的改变，都深刻体现了以人民为中心的发展思想。政府服务的便捷化、高效化变革，就是服务为民的生动体现。政府执行力的高低，更是决定各项服务改革措施能否落地的关键。服务型政府强化职能转变、高效服务，这一职能定位要求基层政府必须以强大的执行力，履行好服务为民的使命职责；同时，要求政府通过制度创新，破解难题，使政务服务更加符合人民群众的需求。

基层政府的执行力高低直接体现为服务水平的高低，也就决定了建设服务型政府的能力。建设服务型政府和提高政府执行力的要求都是一致的，首先要求基层政府干部树立正确的执行理念，摆正自身与群众的位置，以强烈的服务意识和责任意识做好群众工作。基层政府行使权力以人民群众是否满意为根本，基层政府执行力的高低也取决于其提供的公共服务是否达到群众的要求。具体来说，包括基层政府的执行态度、执行手段、执行效果等。其中任何一个方面没有做到位都可能影响群众对基层政府的评价，最终影响服务型政府的

[1] 谭九生、杨建武：《服务型政府理念下提升政府执行力的对策探讨》，载《吉首大学学报(社会科学版)》2012 年第 4 期。

[2] 《马克思恩格斯全集》(第 4 卷)，中共中央马克思恩格斯列宁斯大林著作编译局译，人民出版社 1958 年版，第 477 页。

建设。衡量服务型政府水平的高低，又是基于政府提供服务的数量和质量，服务是否兼顾公平和高效，是否兼顾党中央的精神和基层实际问题。在政府执行过程中，要看是否能充分利用好政府政策，为群众排忧解难，创造性地解决新形势下面临的棘手问题，满足广大群众多元个性的服务需求。在基层政府行政执行过程中，必须优先把民生问题放在头等重要的位置，切实解决基层群众最关心、最棘手的教育、医疗、就业等问题。

5. 增强基层政府执行力是提升政府公信力的重要内容

（1）政策执行的高效性有助于树立政府公信力。

基层政府在众多政策领域向群众作出承诺，如就业扶持政策、社会保障政策、基础设施建设规划等。高效的执行力能够确保这些政策承诺及时兑现。例如，在就业扶持政策方面，基层政府承诺为失业人员提供再就业培训和岗位推荐服务。如果执行力强，就能迅速组织培训课程，积极联系企业提供就业岗位，让失业人员在合理时间内获得帮助，使他们切实感受到政府的关怀和支持。相反，若基层政府执行力不足，政策承诺无法按时履行，群众就会对政府产生怀疑。比如，在农村基础设施建设中，政府承诺修建的乡村公路迟迟没有动工，或者建设进度缓慢，农民就会认为政府只是在“开空头支票”，从而降低对政府的信任。

政府公信力的建立需要政策执行保持一致性和稳定性。基层政府面对不同的群众群体和复杂的社会事务，要始终如一地执行政策。以税收政策为例，无论是本地企业还是外来企业，无论是大型企业还是小微企业，基层税务部门都应按照统一的政策标准进行征税，不能随意变更政策执行尺度。同时，政策的稳定性也很关键。基层政府在执行长期政策如生态环境保护政策时，不能因为短期的经济利益或其他因素而随意改变政策方向。例如，不能为了吸引投资而放松对污染企业的监管，这种政策执行的不稳定性会让群众对政府的公信力产生严重怀疑。

（2）公共服务的优质化有助于巩固政府公信力。

基层政府通过增强执行力能够精准地了解群众对公共服务的需求，从而提供更有针对性的服务。例如，在教育领域，通过对当地人口结构、学生分布等情况的详细调研，合理配置教育资源，如在人口密集的社区新建学校，或者为偏远农村地区的学校配备优秀教师。这种精准服务能够满足群众的实际需求，提升群众对政府的满意度。若执行力不强，公共服务可能会出现供需不匹配的情况。例如，在医疗卫生服务方面，基层政府如果没有准确把握当地居民的就医需求，可能会导致医疗资源的浪费或短缺。如果一些农村地区可能需要更多的基础医疗设施和医护人员，但实际却配置了一些高端医疗设备而缺乏基本的医疗服务，这就会引起群众的不满，损害政府公信力。

执行力的增强有助于基层政府不断优化公共服务质量。基层政府可以通过建立服务质量监督机制、收集群众反馈等方式，持续改进服务。例如，在社区政务服务大厅，通过定期开展群众满意度调查，了解群众对办事流程、服务态度等方面的意见，及时简化办事流程、加强工作人员培训，提高服务质量。当群众体验到政府服务质量持续提升时，就会增强对政府的信任。反之，如果基层政府对服务质量问题视而不见，或者没有能力进行改进，如政务服务窗口工作人员态度恶劣、办事效率低下的情况长期得不到解决，就会使群众对政府的评价降低，影响政府公信力。

（3）社会治理的有效性有助于增强政府公信力。

在社会治理中，特别是在执法环节，基层政府公正执法是提升政府公信力的关键。例如，在城市管理执法中，对于乱摆摊点、违规占道等行为，基层执法部门要严格按照法律法规进行处理，不能选择性执法。无论是对本地居民还是外来人员，都要一视同仁，确保法律实施的公平公正。若执法不公，群众就会对政府的公正性产生怀疑。比如，在农村土地执法过程中，如果对违法占用耕地的行为处罚不一致，有的人可以逃避处罚，而普通农民却受到严格制裁，必然会引发群众的不满情绪，导致政府公信力受损。

基层政府执行力的提升能够使其更有效地解决社会矛盾。基层政府通过建立完善的矛盾纠纷调解机制，可以及时介入和处理各种矛盾。例如，在社区邻里纠纷、农村土地纠纷等问题上，基层政府能够迅速组织相关人员进行调解，运用合理的调解方法和法律手段，化解矛盾，维护社会和谐稳定。当基层政府成功解决社会矛盾时，群众会认可政府的治理能力，从而增强对政府的信任。相反，如果基层政府面对矛盾纠纷时推诿扯皮、处理不当，就会使矛盾激化，群众对政府的信任也会随之丧失。

（4）基层政府执行力与公信力相互影响。

一方面，基层政府的执行力会影响公信力。基层政府执行力不足，将直接影响公众对政府执政能力的判断，从而使公众对政府政策实施产生怀疑，进而影响和动摇基层政府的公信力，甚至是整个社会的稳定发展。基层群众与政府部门打交道更多集中于基层政府，基层政府与群众有着天然的联系，因此基层政府的任何言行都直接影响基层群众对其的评价，从而影响政府的形象。尤其是和基层群众民生相关的内容，基层政府能否有效执行上级政府政策，把各项惠农政策落实到位，改善人民群众的生活水平，都取决于基层政府的执行力。特别是在农村地区，经济基础较为薄弱，乡镇群众的文化水平相对较低，其对政府的评价更多来自群众自身的主观感受。在乡村振兴战略这一背景下，很多基层中心工作与基层群众密切相关。因此，提升基层政府的执行力，有利于政府在人民群众心中树立良好的形象。

另一方面，基层政府的公信力也会影响执行力。在乡村振兴战略背景下，基层政府公信力是执行力的核心基础。公信力高的基层政府能获得群众信任，使政策执行得到支持与配合，降低政策推行的阻力。反之，若公信力不足，群众对政策存疑，可能产生抵触情绪，基层政府需要耗费大量精力向群众解释，从而导致执行成本增加、效果打折。因此，基层政府的公信力通过影响群众的认同度与配合度，直接作用于基层政府执行的效率与成效，是乡村振兴政策落地的关键保障。

6. 增强基层政府执行力是贯彻落实国家方针政策的根本要求

基层政府是党和国家各项政策落地的“最后一公里”。国家的大政方针政策只有通过基层政府的有效执行，才能真正惠及广大人民群众。基层政府作为与民众直接接触的行政层级，承担着将抽象政策转化为具体行动的重要使命。在乡村振兴战略背景下，基层政府直接面对乡村的具体情况和广大农民群众，其执行力能够保证国家和上级政府制定的乡村振兴政策准确、完整地在基层落地实施，避免出现“上有政策，下有对策”的现象，使政策目标不偏离、不走样，真正惠及乡村的群众。例如，基层政府负责乡村振兴项目的具体实施和推进，包括基础设施建设、农村人居环境整治、农田水利工程建设等。良好的执行力能够确保项目按时、高质量完成，改善农村生产生活条件，为农村经济发展提供有力支撑，吸引更多的人才、资金和技术等要素向农村流动。

基层政府执行力影响政策实施效果。基层政府执行力的强弱直接关系到国家大政方针政策实施的效果和质量。一个具有高效执行力的基层政府，能够迅速、准确地理解政策意图，并结合当地实际情况，制定出切实可行的实施方案，确保政策目标顺利实现。相反，如果基层政府执行力不足，就可能出现政策执行不到位、打折扣的情况，甚至导致政策变形走样。

强有力的基层政府执行力才能确保政策准确实施，才能准确落实政策的目标、内容和要求，将政策不折不扣地贯彻到基层社会的各个角落，使政策精准地作用于预定的对象和领域，从而实现政策设计的初衷。例如，在农村土地政策的执行中，基层政府需要准确把握土地流转、宅基地管理等政策的细节，严格按照规定程序和标准进行操作，确保土地政策在农村正确实施，维护农民的土地权益和农村土地市场的稳定。

高效的基层政府执行力还能够加快政策实施的速度，减少不必要的时间损耗和资源浪费。基层政府通过合理配置人力、物力、财力等资源，优化工作流程，提高工作效率，可以使政策在最短的时间内产生效果，及时满足社会和民众的需求。

二、国内外研究综述

笔者以“政府执行力”为关键词，在中国知网 CSSCI 期刊、北大核心期刊和 AMI 核心期刊的篇名范围中进行检索，截至 2024 年 12 月，共发现 122 篇文章。总体来说，刊发的这些文章在研究主题上主要聚焦于政府执行力自身研究，其他的研究主题还涉及执行主体、服务型政府、公信力和构成要素等研究方向。从研究层次上看，超过半数的文章属于基础研究，其余的为政策研究。

此外，本书参考了马克思主义经典作家的代表著作、著名学者的期刊论文、相关博士和硕士的优秀毕业论文、各报纸期刊和网络平台的理论文章等关于“政府执行力”的数十篇资料。笔者从政府执行力的内涵界定、因素分析和对策建议几个维度进行梳理，为本研究提供了较好的理论基础，启发了研究的思路。

（一）国内研究综述

我国最早提出“政府执行力”是在2006年的《政府工作报告》，报告提出要提高政府的执行力与公信力。此后，党的十八大报告强调要创新行政管理体制，以增强政府执行力。党的十九大报告再次强调要增强政府公信力和执行力，建设人民群众满意的服务型政府。习近平总书记在党的二十大报告中提出，“转变政府职能……提高行政效率和公信力”。近年来，如何提高政府执行力逐渐引起我国学者的重视，相关理论成果也日益增多。

1. 关于政府执行力的内涵界定

蔺全录（2006）认为不同学科视角的执行力有不同的含义：法学视角的执行力主要强调政府依法行政的能力；经济学视角下政府执行力侧重于政府的行政效率；行政学视角的执行力则指政府处理公共事务以及提供公共服务的综合能力。[1] 此外，一些学者从广义和狭义两个角度理解政府执行力：广义上，从政府职能出发，将执行力涵盖到政府行政活动的整个过程，以此作出全面综合的概括；狭义上，将政府执行力仅仅限定在政府政策的制定和执行层面（宁国良，

---

〔1〕 蔺全录：《关于提高政府执行力的一些思考》，载《中国行政管理》2006年第8期。

刘辉，2010[1]；王学杰，2012[2]）。而在新时代新征程，政府执行力的内涵得到了进一步的丰富和发展。麻宝斌和陈希聪（2014）认为立足目标和手段两个维度，政府执行力可分为四类：基于权治的执行力、基于德治的执行力、基于法治的执行力以及基于心治的执行力。[3] 商亮（2011）认为服务型政府的执行力，是指包括政府在内的公共组织及其工作人员和参政公民，通过执行制度，对各种执行资源进行合理运用，从而有效执行转变政府职能、完善社会管理和公共服务这一公共政策的能力、效力和力度。[4] 李慧卿（2008）认为，从政策执行视角可以把地方政府执行力理解为，地方政府组织及其行政人员，在公共精神的指导下，充分结合地方政府所处的环境，合理地调度、使用地方政府现有的人力、物力、财力、制度、信息、权威等资源，执行中央政府及地方政府制定的正确可行的政策的过程中所体现出来的能力。[5] 吕金忠和徐慧甫（2007）认为政府执行力在不同学科中具有不同的含义。从法学角度看，政府执行力代表政府依法行政的能力。从经济学角度看，政府执行力代表政府行政效率的高低和效益的多少。从社会学角度看，政府执行力代表政府处理社会事务、解决社会矛盾、化解社会纠纷的能力。[6] 谢庆奎和陶庆（2007）认为政府执行力是政府执行的能力和效能，是政府贯彻执政

---

〔1〕 宁国良、刘辉：《成本—效益分析：公共政策执行力研究的新视角》，载《中国行政管理》2010 年第 6 期。

〔2〕 王学杰：《政策执行力：地方政府改革发展的核心竞争力——以湖南省为例》，载《行政论坛》2012 年第 3 期。

〔3〕 麻宝斌、陈希聪：《论政府执行力的类型及层次》，载《天津社会科学》2014 年第 2 期。

〔4〕 商亮：《服务型政府执行力深层解析》，载《领导科学》2011 年第 23 期。

〔5〕 李慧卿：《政策执行视角下的地方政府执行力刍议》，载《汕头大学学报（人文社会科学版）》2008 年第 1 期。

〔6〕 吕金忠、徐慧甫：《政府执行力视角下的审计能力建设》，载《中国审计》2007 年第 21 期。

党和国家的路线方针政策以实现既定目标的实践能力。[1] 游海疆（2007）认为政府执行力，就是政府整合和运用各种资源，从而实现预设的政府目标的能力，包括政府执行法律、政策、法令和处理自身内部事务的能力和力量。[2] 莫勇波（2005）认为执行力的含义首先源于对行政法意义上执行力的理解以及对企业管理上执行力概念的解释，它主要是指政府组织有效地执行公共政策、决策、法令、战略、计划以及完成政府既定目标的政府内在的能力和力量。[3]

2. 关于影响政府执行力的因素

（1）政府干部的个人修养。

曹静晖和胡伶俐（2020）采用层次分析法对目标、结构、制度、人员及环境五个影响基层政府执行力的因素进行分析，结果发现目标和人员是影响最大的前两位因素，制度与结构次之，环境影响最小。[4] 李作鹏（2017）认为基层政府在扶贫期间执行力不足的主要原因包括：执行主体的畏难情绪、党性修养不足、扶贫机制不健全等。[5] 刘子晨等认为执行主体综合素质不够高，导致政府执行力弱化（刘子晨，2019[6]；李佳，任紫玮，2021[7]）。陈伟（2014）认为政府政策执行不力和政策执行扭曲等问题的根源在于功利主义盛

---

[1] 谢庆奎、陶庆：《政府执行力探索》，载《中国行政管理》2007 年第 11 期。

[2] 游海疆：《政府执行力维度及其生长基点》，载《党政论坛》2007 年第 8 期。

[3] 莫勇波：《政府执行力刍议》，载《上海大学学报（社会科学版）》2005 年第 5 期。

[4] 曹静晖、胡伶俐：《基层政府执行力的影响因素及提升路径》，载《华南理工大学学报（社会科学版）》2020 年第 4 期。

[5] 李作鹏：《基层政府增强精准扶贫执行力研究》，载《行政科学论坛》2017 年第 2 期。

[6] 刘子晨：《国家治理现代化视域下提升政府执行力的思考》，载《湖北社会科学》2019 年第 4 期。

[7] 李佳、任紫玮：《服务型政府视域下基层政府执行力提升路径研究》，载《国际公关》2021 年第 9 期。

行、双重激励机制和目标置换。[1] 莫勇波（2009）认为政府执行主体的实际操作能力和实施能力的缺乏，政府执行主体认知能力的不足，导致执行偏差，从而降低了政府执行力。[2] 胡洪彬（2008）认为各级政府执行力不足，根源在于政府相关人员缺乏责任意识和行政能力、政府行政管理体制不健全、地方保护主义和外在环境的不利影响。[3] 陈奇星和赵勇（2008）认为，影响政府执行力提升的技术因素主要有战略因素、策略和运营因素、人员和结构因素。[4] 莫勇波（2005）提出政府执行力运行的前提条件包括良好的执行者心态、优秀的政府执行主体、充足的执行资源、合理的政府运行机制、积极的组织文化、规范有序的政府执行流程和科学有效的监控手段等。[5]

（2）政府行政管理体制的影响。

李恩极、刘帅（2024）认为科学的制度设计是推动数字政府建设的关键，设置首席数据官和加强数字政府绩效考核可以有效强化数字政府建设的治理效应。[6] 王明雪（2018）指出，正式制度对于公共政策执行力的影响具有直接性和强制约束性。[7] 李东和吴维库（2017）认为在管理机制中的目标任务繁杂且摇摆、干部管理缺乏有

---

〔1〕陈伟：《地方政府执行力：概念、问题与出路——基于公共精神和行政伦理的分析》，载《社会主义研究》2014年第3期。

〔2〕莫勇波：《政府执行能力与政府执行力的逻辑关系分析》，载《领导科学》2009年第11期。

〔3〕胡洪彬：《近年来政府执行力研究综述》，载《江南社会学院学报》2008年第4期。

〔4〕陈奇星、赵勇：《技术因素：提升政府执行力的重要环节》，载《中国行政管理》2008年第7期。

〔5〕莫勇波：《政府执行力：当前公共行政研究的新课题》，载《中山大学学报（社会科学版）》2005年第1期。

〔6〕李恩极、刘帅：《数字政府建设对公共治理效能的影响效应评估》，载《河北经贸大学学报》2025年第1期。

〔7〕王明雪：《我国公共政策执行力的现实困境与突破路径——基于制度分析的视角》，载《学术探索》2018年第3期。

效激励、绩效管理不完善等问题导致了政府执行力不足。[1] 吴礼明（2014）认为在提升地方政府执行力方面的制约因素包括“有令不行、有禁不止”的问题对政府公信力造成挑战、按部就班的机械执行使执行效果难尽人意等。[2] 连维良、吴建南和汪应洛（2013）基于地方实践调研归纳了影响政府执行力的因素，包括执行意愿、工作技能和行为风格等主观因素，以及个体、组织和领导决策等客观因素。[3] 梁栋（2011）认为政府执行力存在政策执行不力、行政不作为、滥用自由裁量权等问题。究其原因主要在于公务员的责任心不强、政府职责配置不科学、缺少完善而有效的责任绩效考核制度、责任实现激励机制不科学、执行责任监督不完善等方面。[4] 顾杰（2008）认为政府执行不力、效率不高的主要原因有：行政意识的惰性导致行政执行的原动力不足，制度建设中的形式主义导致执行的保障力不足，利益配置的不均衡导致执行力建设激励机制的不足，行政过程的缝隙化导致执行中的脱节和缺环。[5] 陈朝宗（2006）认为执行制度缺陷造成的执行官员腐败是政府执行力弱的主要原因。[6] 莫勇波（2005）提出政府执行力运行的前提条件包括良好的执行者心态、优秀的政府执行主体、充足的执行资源、合理的政府运行机制、积极的组织文化、规范有序的政府执行流程和科学有效的监控手段等。

---

〔1〕 李东、吴维库：《县级领导提升基层干部执行力的难题与对策》，载《领导科学》2017年第10期。

〔2〕 吴礼明：《提升地方政府执行力的制约因素及对策》，载《人民论坛》2014年第8期。

〔3〕 连维良、吴建南、汪应洛：《政府执行力的影响因素及对策》，载《中国行政管理》2013年第4期。

〔4〕 梁栋：《提高政府执行力的责任治理及路径选择》，载《齐鲁学刊》2011年第6期。

〔5〕 顾杰：《论政府执行力建设的深层影响因素》，载《中国行政管理》2008年第11期。

〔6〕 陈朝宗：《关于提升政府执行力的思考》，载《东南学术》2006年第6期。

(3) 资源和环境的影响。

郑正真（2017）认为民族地区由于人们观念保守、交通和信息发展滞后、群众受教育程度低等因素，影响了政府的执行力。[1] 陈昶等（2021）发现属地管理的认知偏误会延长行政层级，进而引起资源过度虚耗、基层政府权责失配与执行惰性以及刚性绩效考核制，这些都会给基层执行带来副作用。[2] 李作鹏（2012）认为基层权威性公共权力主体的执行能力、区域资源的支持力和基层民众的支持力会影响基层政府执行力。[3] 李金龙和陈筱敏（2008）提出当前我国的地方政府间关系，在中央政策执行过程中存在诸多不适应性，如地方保护、地方结盟、共用地悲剧、地方冲突等，严重影响了中央政策的有效执行。[4] 易正春（2007）认为执行主体的失败、执行资源的缺乏、执行组织的混乱、执行过程的不完整是政府执行政策不力，部分政策的制定和执行出现裂痕的原因。[5]

3. 关于增强政府执行力的对策研究

(1) 加强政府行政管理制度建设。

王京歌和李雅（2023）针对基层政府执行河长制效果不佳的问题，提出加强立法保障、健全考核监督机制、提高公众参与等对策建议。[6] 杨钦锋（2023）认为必须加快转变政务公开职能，通过政务

---

[1] 郑正真：《民族地区政府执行力问题及对策探析》，载《武汉科技大学学报（社会科学版）》2017 年第 2 期。

[2] 陈昶、邹东升、王鑫：《属地管理背景下我国基层政府执行疲态及其消解——对基层权责失配的审思》，载《领导科学》2021 年第 4 期。

[3] 李作鹏：《基层政府执行力的经典力学分析》，载《兰州学刊》2012 年第 8 期。

[4] 李金龙、陈筱敏：《论地方政府间关系视野下政府执行力的提升》，载《湖南师范大学社会科学学报》2008 年第 2 期。

[5] 易正春：《浅论政府执行力研究的意义》，载《学校党建与思想教育》2007 年第 4 期。

[6] 王京歌、李雅：《黄河流域高质量发展视阈下基层政府执行力的改善——以河长制为例》，载《聊城大学学报（社会科学版）》2023 年第 3 期。

公开可以促落实、助监督、强监管、防风险，进而有效提升政府执行力。[1] 魏向前（2023）提出要以重构公共行政伦理为政府执行力建设的价值导向，在行政执行中培育利他主义的公共行政伦理的品质；要以强化制度执行力建设为国家治理现代化的关键环节，提高制度设计的科学性；要以提升执行主体素质与能力为国家治理现代化的内在支撑，加大对执行主体的激励约束力度。[2] 刘子晨（2019）认为提高制度执行力，需做到：提高制度设计的科学性，提高执行主体的能力素质，建立健全科学合理的执行机制，优化制度执行环境。[3] 张润君和金锋（2014）认为健全和加强行政问责制是提升地方政府执行力的重要渠道；需要解决好变革权力过度集中、责任分散的体制性问题；推行追责时效、绩效关联制；推行问责多元制；扩大民主，维护人民的参与权。[4] 张波（2013）认为在构建责任政府的过程中，应从优化政府职能分配、建立绩效评估机制、完善责任监督机制、健全行政问责机制等四个方面探索当前政府执行力建设的现实路径。[5] 田蕴祥（2012）调查发现，法制建设被视为必要性最高的项目，电子政务建设则是可行性最高的项目；领导与非领导人士在认知观点上的一致性程度相当高。[6] 谭九生和杨建武（2012）认为服务型政府理念下政府执行力的提升，需提高公共决策的科学性与合理性，构

---

〔1〕 杨钦锋：《加快转变政务公开职能　有效提升政府公信力执行力》，载《中国行政管理》2023 年第 1 期。

〔2〕 魏向前：《价值、制度、主体三维视域下的政府执行力建设践行路向》，载《领导科学》2023 年第 3 期。

〔3〕 刘子晨：《国家治理现代化视域下提升政府执行力的思考》，载《湖北社会科学》2019 年第 4 期。

〔4〕 张润君、金锋：《行政问责视域下地方政府执行力研究》，载《理论探讨》2014 年第 6 期。

〔5〕 张波：《责任政府视域下的政府执行力建设研究》，载《理论探讨》2013 年第 3 期。

〔6〕 田蕴祥：《基于地方公务员观点的政府执行力提升途径研究——不同职务与职位背景比较的实证分析》，载《探索》2012 年第 6 期。

建科学行政体制、充分发挥制度的“热炉效应”，提高执行主体的执行素质以及完善与强化政府执行监督与责任追究机制。[1] 梁栋（2011）认为提高政府执行力的责任治理应该加强“责任意识”建设，提高公务员的责任素质；确权明责，优化政府机构配置；建立完善的绩效考核制度，并与激励机制挂钩；推行执行不力问责制，优化责任监督机制，形成责任监督合力。[2] 闫建（2011）认为应注重“激励相容约束”和“参与约束”两个重要因素，并通过加强中央与地方之间的信任合作，改善地方政府绩效考评的方式方法，正视地方的合理利益，强化地方政府的责任意识等，以提升地方政府的执行力。[3] 张创新和韩艳丽（2010）认为提升政府执行力需要树立责任理念，重塑健康心态；突破能力瓶颈，强化政府权威；完善制度机制，规范执行过程；深化体制改革，理顺府际关系；优化执行流程，推动科学执行。[4] 马健（2010）认为提升政府机构的执行力，需要加强执行主体的素质与能力建设，改善执行环境，优化整合政府的各种资源，控制执行过程，巩固执行基础。[5] 颜如春（2010）认为解决地方政府执行力问题应以优化执行目标、提升执行主体素质、保障执行资源配置、健全执行体制、改进执行方式、改善执行环境为着力点，全面推进，以收实效。[6] 陈慰萱（2009）认为提升政府的执行力，要增强政府决策的科学性和务实性，提高执行主体的综合素质，

---

〔1〕 谭九生、杨建武：《服务型政府理念下提升政府执行力的对策探讨》，载《吉首大学学报（社会科学版）》2012 年第 4 期。

〔2〕 梁栋：《提高政府执行力的责任治理及路径选择》，载《齐鲁学刊》2011 年第 6 期。

〔3〕 闫建：《博弈论视角下地方政府执行力的提升问题》，载《理论探索》2011 年第 6 期。

〔4〕 张创新、韩艳丽：《服务型政府视阈下政府执行力提升新探》，载《中国行政管理》2010 年第 10 期。

〔5〕 马健：《关于政府执行力建设的思考》，载《云南行政学院学报》2010 年第 5 期。

〔6〕 颜如春：《我国地方政府执行力存在的问题及治理对策研究》，载《探索》2010 年第 2 期。

健全政府执行机制，优化政府组织结构，合理配置政府的事权、财权。[1] 顾杰（2008）提出加强政府执行力建设必须着眼于净化行政文化环境，改革行政体制，优化组织结构，提高人员素质，完善行政流程等诸多环节。[2] 莫勇波（2008）认为要提高政府执行力，就必须进一步推进政府行政体制改革，重塑政府，建立结构优化、权责一致、协调高效的政府行政体制。[3] 陈松（2008）认为政府执行力的构建应该坚持科学发展观，深化行政管理体制改革，切实转变政府职能，建立科学的政府绩效评估体系，规范政府行为，进行制度创新，完善政策执行监督机制，完善政府行政问责制，提高政策执行人员素质。[4] 丁利（2007）认为电子政务的实施为政府构筑了管理和服务的新平台，为政府行政体制改革、提高政府的执行力提供了重要手段。[5] 李斌（2007）认为可以从保证决策质量、提高执行人员素质、加大政府改革力度、创设良好的执行环境、完善执行配套制度、改革执行方式等六个方面来提高政府执行力。[6] 郑茂生和张美荣（2006）认为加强督查，健全问责制，是提高政府执行力、树立政府公信力的关键所在，可以从强化督查职能、完善督查网络、打造责任链条等方面来构建督查制。[7] 莫勇波（2005）认为构建政府执行力，必须要注意培育政府执行主体的执行力素质，优化政府的组织架构及运行机制，并建立规范有效的执行流程，同时，还要制定科学严格的执行

---

〔1〕 陈慰萱：《政府执行力：构成要素、影响因素与提升路径》，载《当代世界与社会主义》2009 年第 4 期。
〔2〕 顾杰：《论政府执行力建设的深层影响因素》，载《中国行政管理》2008 年第 11 期。
〔3〕 莫勇波：《行政体制与政府执行力：逻辑、难题与求解》，载《探索》2008 年第 5 期。
〔4〕 陈松：《论政府执行力的构建》，载《理论前沿》2008 年第 6 期。
〔5〕 丁利：《电子政务对提高政府执行力的作用和影响》，载《现代情报》2007 年第 10 期。
〔6〕 李斌：《提高政府执行力的几点思考》，载《中共福建省委党校学报》2007 年第 10 期。
〔7〕 郑茂生、张美荣：《提高政府执行力关键在于加强督查》，载《福建论坛（人文社会科学版）》2006 年第 12 期。

监控手段。[1]

(2) 培育良好的执行力文化。

姚玫玫等（2015）指出提升地方政府执行力要实现“官本位”执行理念彻底转变，行政文化的培育要把人民群众的利益放在首位(姚玫玫，袁维海，2015[2]；江海萍，2017[3])。龙献忠、董树军和周晶（2015）认为提升政府执行效率和质量，应从重塑执行理念、完善执行制度和提升执行人员素质三个方面来积极培育现代化的执行力文化。[4] 陈伟（2014）提出要想提升地方政府执行力，必须走出功利主义误区，积极倡导理想主义，培育公共精神，建设以人为本的行政伦理，同时还必须摒弃公务员晋升制度中的集权主义，重新确立价值理性的核心地位。[5] 商亮（2012）认为可以通过创新执行主体的执行理念、提高执行主体的认知水平、改进执行主体的行为方式、加大执行主体的融合度等方式来提升执行主体视阈下服务型政府的执行力。[6] 闫建（2012）认为要想提升县级政府执行力，应该科学界定上级政府和县级政府的职能；加强上级政府与县级政府的信任合作；优化监督监控，改善执行绩效考评；加强对县级政府的行政伦理教育；高度重视县级政府执行力文化建设。[7] 肖艾林（2011）认为执行力文化落后制约执行力的发挥，执行力文化短缺阻碍执行

[1] 莫勇波：《论政府执行力及其组织构建》，载《理论导刊》2005 年第 6 期。
[2] 姚玫玫、袁维海：《地方政府执行力提升的行政文化障碍及消除对策分析》，载《长春大学学报》2015 年第 1 期。
[3] 江海萍：《基层政府执行力研究》，载《中国领导科学》2017 年第 10 期。
[4] 龙献忠、董树军、周晶：《治理现代化背景下政府执行力文化的培育》，载《中国行政管理》2015 年第 8 期。
[5] 陈伟：《地方政府执行力：概念、问题与出路——基于公共精神和行政伦理的分析》，载《社会主义研究》2014 年第 3 期。
[6] 商亮：《执行主体视阈下服务型政府执行力提升探析》，载《领导科学》2012 年第 20 期。
[7] 闫建：《县级政府执行力及其提升》，载《理论探索》2012 年第 4 期。

力的实现，只有构建和培育以加强执行力为价值核心的先进执行力文化，才能从根本上提升政府执行力。[1] 韩艳丽（2010）提出实现新农村建设中基层政府执行力提升需要创建适宜的执行力文化，强化执行主体的执行理念。[2] 胡洪彬（2008）认为提高政府执行力，必须要加强行政管理制度建设，提升政府工作效率，创新政府管理模式，培育良好的行政文化，提升“政府人”的能力。[3] 王春福（2007）认为要提高政府的执行力必须大力弘扬公共精神，社会的发育、公共领域的发展和完善可以从根本上解决政府公共精神缺失问题，提高政府的执行力。[4] 李平和廖玩方（2006）认为应该从优化人员管理、加强信息沟通、促进体制创新、创建执行力文化这四方面来提升政府执行力。[5]

（3）提升政府工作者的业务能力。

麻宝斌（2015）指出，要加强执行人员职业伦理和公共服务精神建设，并通过教育培训提高执行人员的业务能力。[6] 刘兆鑫（2019）提出要以领导力带动干部的执行力建设。[7] 魏向前（2023）从主体视角指出，通过加大激励力度和注重团队协作精神等方式来提升执行主体素质与能力，进而提升政府执行力，推进国家治理现代化。[8] 韩艳丽（2010）提出实现新农村建设中基层政府执行力提升

---

[1] 肖艾林：《建设政府执行力文化的思考》，载《求索》2011 年第 7 期。
[2] 韩艳丽：《新农村建设视阈下基层政府执行力提升研究》，载《湖北社会科学》2010 年第 7 期。
[3] 胡洪彬：《近年来政府执行力研究综述》，载《江南社会学院学报》2008 年第 4 期。
[4] 王春福：《公共精神与政府执行力》，载《理论探讨》2007 年第 1 期。
[5] 李平、廖玩方：《政策执行中的政府执行力分析》，载《太平洋学报》2006 年第 5 期。
[6] 麻宝斌：《走出政策执行不力的体制困境》，载《探索与争鸣》2015 年第 11 期。
[7] 刘兆鑫：《强化执行力的领导力建设论析》，载《领导科学》2019 年第 22 期。
[8] 魏向前：《价值、制度、主体三维视域下的政府执行力建设践行路向》，载《领导科学》2023 年第 3 期。

需要在人才选拔上增加执行能力考核，完善培训教育体系，加强执行主体能力建设。[1] 史策（2010）认为可以通过理顺职能，节约成本，严行操作，反腐倡廉，绩效评估，提高效率和公务员素质等方法来提高政府执行力。[2] 谢庆奎和陶庆（2007）认为需要从领导体制的改善、执行体制的改革、执行资源的拓展、干部素质的提升等四个方面来切实提高政府执行力。[3] 唐仕军（2007）认为提升政府执行力应该把提升政府执行人员的素质放在重要的位置，优化整合政府的各种资源，加强政府执行要素的培育，强化适宜的法制环境和文化环境创设。[4] 杨亚南（2007）认为提升政府执行力需要培育良好的政府执行力文化环境，进行政府人事管理制度创新，提高政府人员的素质，建立健全对农村的利益补偿和调节机制。[5] 莫勇波（2007）认为要提高政府执行力，就必须采取思想教育、愿景培育、激励诱导、压力引导等措施来治理政府执行主体的不利执行心态问题。[6] 蔺全录（2006）认为提高政府执行力应该大力加强行政文化建设，营造“不讲任何借口”的文化环境和思想氛围；健全行政管理制度，狠抓落实；规范完善行政运行机制，简化办事程序，提高行政效率；各级领导率先垂范，做提高政府执行力的带头人；大力提高政府公务员的整体素质。[7]

---

〔1〕 韩艳丽：《新农村建设视阈下基层政府执行力提升研究》，载《湖北社会科学》2010 年第 7 期。
〔2〕 史策：《政府执行力的自身挑战及应对》，载《中共福建省委党校学报》2010 年第 4 期。
〔3〕 谢庆奎、陶庆：《政府执行力探索》，载《中国行政管理》2007 年第 11 期。
〔4〕 唐仕军：《政府执行力探微》，载《中国行政管理》2007 年第 7 期。
〔5〕 杨亚南：《提升政府执行力对构建和谐新农村的意义及实现途径》，载《安徽农业科学》2007 年第 11 期。
〔6〕 莫勇波：《政府执行主体的不利心态及政府执行力：制约分析与治理策略》，载《理论导刊》2007 年第 4 期。
〔7〕 蔺全录：《关于提高政府执行力的一些思考》，载《中国行政管理》2006 年第 8 期。

（二）国外研究综述

国外学者更多地从政治学角度研究政府执行力。一是关于政府与执行的关系。18 世纪法国著名的思想家卢梭认为，政府只不过是主权者的执行人，它负责执行法律并维护社会以及政治的自由，强调了执行对于政府的重要性。20 世纪初，现代公共行政学的创始人威尔逊认为，政治者应负责制定政策，而执行政策则是行政部门的事，政治与行政应该分离。同时代的古德诺认为政府存在两种不同的职能，即政治和行政，并揭示了“政府执行国家意志”这一主要功能和任务。21 世纪初，美国的管理学家拉里·博西迪和拉姆·查兰指出，“从最基本的意义来说，执行是一种暴露现实并根据现实采取行动的系统化方式”。[1] 二是关于政府执行力的重要性。行政学家怀特（1926）也赞同古德诺的意见并强调执行在政府公共行政中的重要作用。现代组织理论之父韦伯指出政府组织必须忠实执行国家意志，政府部门及其人员要客观准确地去执行政治家们所决定的政策。三是关于影响政府执行力的因素及对策研究。20 世纪 50 年代，西蒙、莫舍等学者认为，严格的政治行政二分法以及缺乏与外界沟通，导致政府无法实现有效执行。20 世纪 70 年代普雷斯曼与韦达夫斯基提出不仅要重视政策执行，也要建立政策制定和执行的联系。

总体来说，国内外关于政府执行力的前期研究为进一步探索如何提高政府执行力提供了一定的理论支撑和实践模式。但是，目前的相关研究仍有不足：一是规范研究多于实证研究。前期研究多集中于政府执行力的规范研究，定性分析较多，定量的实证研究不足，未能

---

〔1〕［美］博西迪、查兰：《执行：一门关于如何完成任务的学问》，机械工业出版社 2003 年版。

形成完整的分析框架。二是研究缺乏针对性和可操作性。当前政府执行力的研究普遍缺乏针对性，特别是在我国实行乡村振兴战略背景下，如何结合具体要求提出切实可行的对策有待进一步探索。三是研究视角过于单一，缺乏系统性。目前关于政府执行力的研究多集中于政治学角度的探讨，研究视角相对狭隘，未能充分运用多学科理论全面系统地分析政府执行力问题。本研究主要围绕三个方面开展：一是乡村振兴战略背景下对给基层政府执行力带来的挑战和具体要求进行分析；二是通过实证调研了解基层政府执行力存在的主要问题并找出根源所在；三是结合乡村振兴战略的发展要求，找到提升基层政府执行力的突破口。研究的主要目标：一是明确影响基层政府执行力的根源，提出切实加强政府执行力的有效措施，提高政府干部担当作为本领，助力实现乡村振兴发展目标。二是丰富基层政府执行力的理论研究实证素材，从多学科视角进行思考和分析，拓展学科内涵，提出增强政府执行力的创新方法。

第二章 基层政府执行力的相关概念界定及理论分析框架

为更好地开展相关研究，笔者对研究的相关概念进行了准确的界定，并对基层政府执行力和乡村振兴战略两者内在联系进行阐述。同时，笔者在本章节阐释了研究的相关理论基础，并在此基础上提出了本书的理论分析框架，为后续的研究提供了良好的理论支撑。

一、相关概念界定

政府执行力和基层政府执行力有一定差别，基层政府有其特殊性。本书是在乡村振兴战略背景下研究的，因此，有必要对乡村振兴战略的相关政策进行阐释。特别是本研究明确了基层政府执行力和乡村振兴战略两者是相互促进的关系。

（一）政府执行力

关于政府执行力的概念界定，学界有不同的观点，各自的侧重点有所不同，主要有三种：一是认为政府执行力就是政府在解决问题时呈现出来的不同能力。二是认为政府执行力是指政策执行的能力，即政府贯彻落实党和国家方针政策的能力。三是认为政府执行力是政府各种综合能力的体现。例如，有学者认为政府执行力是一种合力，是政府执行的主体、客体、环境和资源等方面能力相互作用的结果。[1] 与之类似，有学者认为政府执行力就是政府在执行国家方针路线政策时的理解能力、判断力、贯彻落实能力等方面的总和。[2]

综合各学者的观点，可以把政府执行力的概念归纳为，政府部门在贯彻落实方针政策中所体现出来的各种能力。具体来说，这些能力包括科学决策能力、组织计划能力、协调能力、实施能力等。同时，政府执行力，涉及执行的主体、客体、资源、环境等多个因素。第一，政府执行力的主体是政府部门的各级干部，其承担了处理公共行政事务的各项工作。第二，政府执行力的客体，是政府部门处理的各项公共事务。第三，政府执行力的资源包括其所拥有并且可以使用的人力、物力、财力等各项资源。第四，政府执行力的环境包括政府所处区域的经济、政治、文化、生态等影响政府执行的环境。特别应提及的是，政府执行力所涉及的是公共性事务的处理，而不是一般事务的处理，执行的过程、评价标准和执行结果都应体现公共性的特点。

"政府执行力"被第一次正式提出，是在2006年3月召开的十届全国人大四次会议上，并被写入了《政府工作报告》。此后的几次《政府工作报告》都反复提及政府执行力，并且和政府公信力一起提及。因为政府公信力和政府执行力之间有着紧密的联系，所以两者常常被一起作为研究对象。公共性是政府执行力与一般执行力的主要区别。首先，政府执行力的主体是各级政府部门的工作人员，不能简单地以私人部门人员的投入与产出效应来衡量其执行力的高低。其次，政府行为的公共性特征是贯穿于整个政府行为过程中的。政府的决策、执行方式、执行结果都要符合公共性的要求，必须坚持民本位

[1] 姚克利：《试论政府执行力的生成与提升》，载《大连干部学刊》2006年第8期。
[2] 强恩芳：《我国当前的行政执行与政府执行力研究》，载《行政与法》2008年第1期。

的中心原则，将广大人民群众的利益作为一切工作的出发点和落脚点。最后，政府执行的价值追求必须满足多元需求的公共性要求。政府执行不能追求短期效益，更多时候政策的落实需要经过较长周期才能见效。并且，在这个长期投入的过程中，执行主体和执行对象都可能发生变化，因此，无法简单通过成本投入与产出进行评估。尤其是执行对象的群众覆盖面较广，更多的时候无法完全兼顾所有群众的需求，只能尽可能以多数群众满意为决策依据。因此，政府执行的公共性，具有复杂性和多元性的特点，政府更注重其执行在效率与公平之间的相对平衡。

（二）基层政府执行力

本书所涉及的基层政府主要是县级及以下的政府部门，所研究的基层政府执行力也在该范畴内。由于乡村振兴战略的实施落地，主要涉及乡镇政府，因此，其是本书的重点研究对象。基层政府相比其他层级的政府，层级较低，手中的资源和权力有限，责任却很大。所以基层政府的执行力更加强调贯彻落实上级政策的能力，而没有对下进行授权的能力。基层政府面对的对象主要是基层群众，并且直接和基层群众接触，也是乡村振兴战略实施的落脚点，其执行力的高低直接决定了乡村振兴战略能否有效地实施。由于基层的经济发展水平相对落后，基层群众的文化水平相对较低，各地基层社会和文化环境又不尽相同，因此基层政府执行力在各基层所呈现的情况有所差异。具体来说，基层政府执行力有以下特殊性。

1. 政策执行环境的复杂性

基层政府涵盖了城市社区、农村乡镇等不同的地域类型。在城市社区，人口密集，基础设施相对完善，但面临着多元化的社会需求和复杂的利益群体。在农村乡镇，地域广阔且分散，经济发展水平和基础设施建设差异明显。比如，在推广农业新技术政策时，山区和平原地区的土壤、气候条件不同，农民的接受程度和应用能力也因当地传统种植习惯等而不同，这使得政策执行要考虑因地制宜的问题。

基层是社会的基本单元，人与人之间的社会关系更为紧密。在一个村庄或社区，居民之间往往存在亲属、邻里关系。这种紧密的社会关系在政策执行过程中，既可能成为助力，也可能形成阻力。例如，在农村土地征收政策执行中，家族观念和邻里之间的相互影响会使村民对政策的接受程度相互关联。如果部分村民对补偿标准不满意，可能会通过亲属和邻里关系带动其他村民抵制政策，增加执行难度。同时，基层政府工作人员与当地居民也有着千丝万缕的联系，他们希望执行政策时兼顾人情和法理。他们在执行诸如环境卫生整治政策时，面对违反规定的熟人，希望在维护政策严肃性和保持良好人际关系之间寻找平衡。

2. 任务内容的具体性和琐碎性

基层政府的主要职责是将上级政府的宏观政策转化为具体的行动。例如，上级政府出台了促进就业政策，基层政府就要负责具体的就业岗位信息收集与发布、组织招聘会、为失业人员提供就业培训等事务。这些任务都是非常具体的，直接面向群众和企业，要求基层政府具备将抽象政策细化为实际操作步骤的能力。例如，在社会保障政策执行方面，基层政府需要开展对居民的参保资格进行审核、办理参保手续、发放社会保障卡等具体工作。这些工作环节繁多，每一个步骤都关系到群众的切身利益，任何一个小的失误都可能导致群众利益受损，所以对执行的准确性要求很高。

基层政府还承担着大量琐碎的事务，如调解邻里纠纷、处理农田灌溉用水分配等。这些事务虽然看似细小，但却频繁发生且需要及时处理。例如，有的村民在休息时间进行高噪声的农事活动（如使用脱粒机），影响了邻居的正常生活。同时，生活垃圾的倾倒位置、污水排放等环境卫生问题也可能引发邻里间的矛盾。基层工作人员需要随时介入调解，这占用其大量的工作时间和精力。在农村，像农田灌溉用水分配这种琐事，在干旱季节可能会引发农民之间的矛盾。基层政府要根据当地的灌溉设施情况、农田面积等因素合理分配水资源。这需要投入大量的精力去协调各方利益，而且这些事务具有很强的季节性和临时性特点。

3. 资源约束的紧张性

基层政府的财政收入相对有限，主要依赖上级政府的财政转移支付和少量的本地税收。在执行政策时，资金往往是一个瓶颈。例如，在农村基础设施建设方面，虽然有上级政府的项目支持，但地方配套资金可能不足。像农村公路建设，上级拨款可能只够修建主干道，而修建连接村庄内部的支路和田间道路的资金就比较紧张，导致农村交通网络难以完善。在教育、医疗等公共服务领域，基层政府也面临财政压力。一些偏远农村地区的学校和诊所由于资金有限，设备更新缓慢，师资和医疗人员短缺，影响了公共服务政策的有效执行。

基层政府人员编制相对紧张，却要承担众多的工作任务。在乡镇政府，一个工作人员可能要承担多个岗位的工作。例如，经济发展办公室的工作人员，可能同时要负责招商引资、企业服务、统计等多项工作。这种多任务的工作状态使他们在执行每一项任务时都可能精力分散。而且基层吸引和留住人才比较困难，专业技术人才短缺。比如，在环保政策执行中，可能缺乏专业的环境监测和治理人才，导致对农村工业污染、生活垃圾处理等环境问题的监管和治理能力不足。

4. 群众参与和监督的直接性

基层政府的政策执行与群众的日常生活息息相关，群众参与政策执行的积极性较高。例如，在社区环境整治政策执行中，居民可以通过志愿者活动参与垃圾清理、绿化维护等工作。在农村，村民可以参与村庄规划建设，对公共设施的选址和建设提出自己的意见。这种群众参与能够为政策执行提供人力和智力支持，但也需要基层政府有效引导和组织。同时，群众参与的形式多样，包括参加听证会、村民议事会等正式渠道，也包括通过社交媒体、社区论坛等非正式渠道表达意见。基层政府需要关注这些不同渠道的群众声音，整合群众意见，使政策执行更符合群众利益。

由于基层政府与群众距离较近，群众对政府工作的监督更加直接和及时。群众可以随时观察和反馈基层政府在政策执行过程中的问题。例如，在基层政府的政务公开方面，群众可以很方便地了解政府资金的使用情况、项目建设进度等信息，并对发现的问题及时质疑。而且，群众监督的范围广泛，涵盖了行政效率、服务质量、廉洁自律等多个方面。基层政府在执行政策时，任何一点瑕疵都可能被群众发现并曝光，这就要求基层政府在执行过程中必须保持高度的透明度和公正性，严格规范自己的行为。

(三) 乡村振兴战略

党的十九大提出的乡村振兴战略，是关乎“三农”问题这一事关国计民生的根本性问题，是实现经济社会高质量发展和全面建成社会主义现代化强国的关键所在。乡村振兴战略的内涵丰富，包含了农村经济、政治、文化、生态和社会的全方位建设。乡村振兴需要加强基层农村的治理体系和能力，以实现农业农村现代化，达到“三农”协调发展。

有学者认为，乡村振兴是一个综合的概念，不仅包括经济、社会、文化的振兴，也包括社会治理体系的创新，更包含了生态文明的进步，是全方面的振兴。[1] 还有学者认为实施乡村振兴战略，就要将现代化的理念、机制、要素与日常生产生活、生态、乡村治理、文化孕育等融合，以理论指导实践。[2] 张晓山认为乡村振兴战略无论是在内涵还是在外延上都更为丰富，其中突出了乡村产业发展的重要性；强调乡村人民群众对生活水平提出了更高的标准；将生态文明建设作为乡村建设重要内容；明确不断改革和完善治理体系，鼓励农民参与基层治理等内容。[3] 还有学者对乡村振兴赋予了更为丰富的内涵，包括部署农业农村现代化建设的目标任务，提出了走城乡融合发展的新思路，明确了乡村治理的新秩序以及农村人才队伍建设的新方向等。[4]

当前乡村振兴战略的发展方向决定了我国未来“三农”工作的方针布局，主要包括产业、人才、文化、生态和组织等五个维度。这些目标任务的解决可以有效缓解当前基层社会的主要矛盾，改善基层群众的生活水平，对实现第二个百年奋斗目标和中华民族伟大复兴的宏伟目标具有极其重要的意义。具体来说，乡村振兴战略主要包括以下五个方面的内容：

1. 产业振兴

（1）农业现代化。推动传统农业向现代农业转型升级是产业振

---

〔1〕 魏后凯：《如何走好新时代乡村振兴之路》，载《人民论坛·学术前沿》2018 年第 3 期。

〔2〕 刘合光：《乡村振兴的战略关键点及其路径》，载《中国国情国力》2017 年第 12 期。

〔3〕 张晓山：《实施乡村振兴战略的几个抓手》，载《人民论坛》2017 年第 33 期。

〔4〕 王亚华、苏毅清：《乡村振兴——中国农村发展新战略》，载《中央社会主义学院学报》2017 年第 6 期。

兴的基础。这涉及引进先进的农业生产技术，如精准农业技术，利用卫星定位系统、地理信息系统、遥感技术等，实现对农作物生长环境的精准监测和精准施肥、灌溉等操作，提高农业生产效率和农产品质量。同时，发展智慧农业也是重要方向。例如，通过建设农业物联网，将传感器安装在农田、温室等环境中，实时收集温度、湿度、光照等数据，农民可以通过手机或电脑远程监控这些数据，并根据数据进行智能化决策，比如自动调节温室的温度和湿度。

（2）农村产业融合发展。农村一二三产业融合是拓宽农民增收渠道的关键。一方面，要大力发展农产品加工业，延长农业产业链。例如，在水果产区，除了销售新鲜水果，还可以发展果汁、果脯、果酒等加工产业，提高农产品附加值。另一方面，积极拓展农业多种功能，推进农业与旅游、文化、教育、康养等产业深度融合。像一些风景优美的乡村，开发乡村旅游项目，建设农家乐、民宿，举办农事体验活动等，吸引游客，带动农村服务业的发展。

（3）培育新型农业经营主体。新型农业经营主体包括家庭农场、农民合作社、农业产业化龙头企业等。家庭农场以家庭成员为主要劳动力，从事农业规模化、集约化、商品化生产经营。政府通过土地流转政策等支持家庭农场的发展，使其能够集中土地资源，采用先进的农业技术和管理模式。农民合作社则是农民自愿联合的互助性经济组织，它可以帮助农民共同购买生产资料、销售农产品，降低生产成本，提高市场竞争力。农业产业化龙头企业具有资金、技术、市场等优势，能够带动农户发展订单农业，实现小农户和现代农业的有机衔接。

2. 人才振兴

（1）人才引进。乡村振兴需要吸引各类人才。一是吸引返乡创业人员，许多在外务工的人员积累了资金、技术和管理经验，通过政策激励，如提供创业补贴、创业场地、金融信贷优惠等，鼓励他们回到家乡创办企业，发展农村电商、农产品加工等产业。二是吸引大学生到农村就业，政府可以与高校合作，实施大学生村官计划、“三支一扶”计划等，鼓励高校毕业生到农村从事教育、医疗、农业技术推广等工作。

（2）人才培养。培养本土人才对于乡村振兴至关重要。政府应组织开展农村实用人才培训，包括农业技术培训、农村手工艺培训、农村电商运营培训等。例如，组织农民参加种植养殖技术培训班，学习新型农作物种植技术、生态养殖模式等。同时，注重培养农村基层干部，提高他们的领导能力和治理水平，通过举办基层干部培训班，加强政策解读、乡村规划、矛盾调解等方面的培训内容。

（3）人才激励机制。建立完善的人才激励机制是留住人才的关键。在物质激励方面，除了提供有竞争力的薪酬待遇外，还可以设立人才奖励基金，对在农村产业发展、科技创新、社会治理等方面作出突出贡献的人才给予奖励。在精神激励方面，开展优秀人才评选活动，如“最美乡村教师”“优秀农村致富带头人”等评选，宣传他们的先进事迹，提高他们的社会荣誉感。

3. 文化振兴

（1）传承与创新乡村优秀传统文化。乡村蕴含着丰富的传统文化，如民俗风情、传统手工艺、民间艺术等。要加强对这些传统文化的保护和传承，通过建设乡村文化博物馆、民俗馆等方式，收集和展示传统农具、手工艺品、民俗服饰等文化遗产。同时，对传统手工艺进行创新，结合现代市场需求，开发具有现代气息的手工艺品。例如，将传统刺绣工艺与现代设计理念相结合，制作出时尚的刺绣产品，推向市场。

(2) 培育现代文明风尚。培育现代文明风尚是文化振兴的重要内容。应加强农村思想道德建设，开展社会主义核心价值观宣传教育活动，通过村规民约、道德讲堂、文化墙等形式，引导农民树立正确的价值观、道德观。同时，推进移风易俗，整治农村不良风气，如反对铺张浪费、大操大办红白喜事等，树立文明新风。

(3) 丰富农村文化生活。丰富农民的文化生活可以提高农民的生活质量。如加强农村文化基础设施建设，修建文化广场、农家书屋、文化活动室等；组织开展丰富多彩的文化活动，如送戏下乡、农村电影放映、广场舞比赛、农民运动会等，满足农民的精神文化需求。

4. 生态振兴

(1) 农村生态环境治理。加强农村环境污染治理是生态振兴的重点。在水污染治理方面，建设农村污水处理设施，对生活污水和农业面源污染进行处理。例如，采用人工湿地处理技术，利用自然生态系统中的湿地植物和微生物净化污水。在大气污染治理方面，推广清洁能源，减少农村秸秆焚烧和散煤燃烧，鼓励农民使用太阳能、沼气等清洁能源。在固体废弃物治理方面，建立农村垃圾收集、转运和处理系统，推行垃圾分类，提高垃圾的无害化处理和资源化利用水平。

(2) 生态宜居乡村建设。打造生态宜居的乡村环境是生态振兴的目标，可进行村庄绿化美化，在村庄周围、道路两旁、庭院内外种植树木花草，提高乡村绿化率。同时，合理规划村庄布局，保护乡村自然景观和田园风光，建设具有地方特色的生态宜居村庄。例如，在一些山区乡村，结合山水资源，打造山水相依的美丽村庄。

(3) 生态产品价值实现。挖掘农村生态产品的价值是生态振兴的新路径。农村的生态资源可以转化为生态产品，如生态农产品、生态旅游产品等。通过发展生态农业，生产绿色、有机农产品，提高农产品的生态附加值，开发乡村生态旅游项目，让游客体验乡村的自然风光、生态环境和民俗文化，实现生态资源的经济价值。

5. 组织振兴

（1）农村基层党组织建设。加强农村基层党组织建设是组织振兴的核心。选优配强农村党组织带头人，选拔那些政治素质高、工作能力强、群众基础好的党员担任村党组织书记。加强党员队伍建设，做好党员发展和教育管理工作，提高党员素质。通过开展主题党日活动、党员培训等方式，增强党员的党性意识和服务意识。

（2）村民自治组织建设。完善村民自治组织，发挥村民委员会在农村事务管理中的主体作用。规范村民自治程序，通过民主选举、民主决策、民主管理、民主监督，让村民参与农村公共事务的管理。例如，召开村民会议或村民代表会议，讨论决定村庄发展规划、重大项目建设、村规民约制定等事项。

（3）农村集体经济组织建设。发展壮大农村集体经济组织是组织振兴的重要支撑。通过盘活农村集体资产，如土地、厂房、山林等，发展农村集体经济项目。例如，将闲置的村办小学旧址改造为农产品加工厂，增加集体收入。同时，加强农村集体经济组织的财务管理和监督，确保集体资产保值增值。

（四）基层政府执行力与乡村振兴战略的内在联系

基层政府执行力与乡村振兴战略紧密相连。一方面，强大的执行力是乡村振兴战略落地的关键。基层政府直接对接乡村，是确保精准落实产业扶持政策的重要前提。另一方面，乡村振兴为提升执行力创造契机。随着乡村振兴战略的推进，资金、人才涌入乡村，基层政府调配资源更从容，服务群众舞台更广阔。在乡村振兴实践中锻炼干部，使其积累经验、提升能力，进一步反哺执行力，两者相互促进。

1. 基层政府执行力是乡村振兴战略实施的关键动力

乡村振兴发展促进了各种新型农业经营主体的崛起，如农业龙头企业、合作社、家庭农场等，基层政府的执行力确保推动落实各种政策措施，以适应农村经济社会的新变化。乡村经济社会的转型使“民主、平等、自由、权利等与市场经济相适应的现代政治理念在广大农村扩展开来”[1]。乡村居民对参与乡村治理的积极性也随之增强，这也考验着基层政府的执行力水平，如何有效协调宏观政策与群众实际需求之间的关系，妥善处理好在基层治理中出现的各种矛盾和问题。

乡村振兴战略涉及众多政策，包括产业扶持政策、人才吸引政策、生态保护政策等。基层政府执行力强，就能准确理解这些政策，并将其转化为符合当地实际情况的具体措施。例如，在产业扶持政策方面，基层政府能够结合本地的农业特色（如有的地方适合种植水果，有的地方适合发展畜牧业），精准地把产业补贴、技术支持等政策落实到农户和农业企业，推动农村产业的兴旺。同时，在人才吸引政策方面，基层政府通过积极宣传和提供实际的优惠条件，如住房补贴、创业支持等，吸引年轻人返乡创业就业。如果基层政府执行力不足，政策就可能停留在文件上，无法真正惠及乡村地区，乡村振兴也就无从谈起。

乡村振兴需要整合多种资源，包括财政资金、土地资源、人力资

---

〔1〕 彭澎：《基层治理变革：转型期农村发展的新趋势》，载《四川理工学院学报（社会科学版）》2012 年第 5 期。

源等。基层政府强大的执行力体现在合理调配财政资金，确保资金用于农村基础设施建设、公共服务改善等关键领域。例如，将资金分配到农村道路修建、农田水利设施更新等项目上，提升农村的硬件水平。基层政府在土地资源利用方面，可以有效协调土地流转，为规模化农业经营创造条件；在人力资源方面，能够组织专业人才为农民提供技术培训，整合农村剩余劳动力参与乡村建设项目。没有高效的执行力，资源就难以整合，会出现资金浪费、土地闲置、人才流失等问题，阻碍乡村振兴的步伐。

实现乡村振兴是当前乡村社会发展的重点目标，也是实现中华民族复兴伟业的关键所在。在实现这个宏伟目标的道路上，面临的挑战是十分严峻的，都是基于乡村各项中心工作的一一落实，这也是基层政府执行力的方向所在。只有不断提升基层政府的执行力，坚持以人民为中心的基本原则，不断创新基层治理的方式方法，才能助力乡村全面振兴。

2. 乡村振兴战略为基层政府执行力提供施展平台与提升契机

乡村振兴战略的实施使基层政府的工作内容更加丰富多样，这对基层政府的执行力提出了更高的要求。在产业振兴中，基层政府需要具备产业规划能力，从传统农业向现代农业转型，引导农民发展特色农产品种植、农产品加工、农村电商等多元化产业。例如，基层政府要学会运用互联网思维，帮助农民搭建电商平台，拓宽农产品销售渠道。在生态振兴方面，基层政府要掌握生态环境治理的新技术和新方法，加强农村污水处理、垃圾治理等工作。这些新的工作任务促使基层政府不断学习和积累经验，提升其在经济、环境、社会等多个领域的执行能力。

乡村振兴战略的实施过程是一个动态的过程，基层政府在推进过程中可以通过收集群众反馈、监测工作成果等方式不断优化自己的执行策略。例如，在农村基础设施建设过程中，群众可能会对建设质量、选址等方面提出意见，基层政府可以根据这些反馈及时调整建设方案，提高工作质量。同时，乡村振兴的目标考核也为基层政府执行力提供了监督和改进的机制。上级政府对基层政府乡村振兴各项指标完成情况的考核，如农村居民收入增长、农村生态环境质量改善等，能够促使基层政府不断反思和改进自己的执行方法，从而提升执行力。

3. 两者相互促进推动实现乡村可持续发展与基层治理现代化

基层政府执行力的有效发挥能够保障乡村振兴战略的可持续推进。通过长期稳定地执行产业政策，农村产业能够形成可持续的发展模式，如发展生态农业，既实现了经济效益，又保护了农村生态环境。在人才政策执行方面，持续吸引和留住人才，为乡村的长期发展提供智力支持。乡村振兴战略的持续推进也为乡村可持续发展奠定了坚实的基础。从经济上，农村产业的发展增加了农民收入和农村集体收入；从生态上，生态振兴措施改善了农村的生态环境；从社会角度，人才振兴和组织振兴增强了农村的社会凝聚力，这些都促进了乡村的可持续发展。

基层政府在执行乡村振兴战略过程中，不断创新治理方式，如运用大数据技术进行农村信息管理、通过村民议事会等形式提升农民参与治理的积极性。这有助于基层治理现代化。同时，乡村振兴战略的实施成果也体现了基层治理现代化的成效，如农村公共服务的均等化、农村法治建设的完善等，都是基层治理现代化的重要标志。

乡村振兴战略是增强基层政府执行力的内生动力。乡村振兴作为国家战略，更是为了促进乡村经济社会发展和乡村群众的生活水平。这个战略目标与提升基层政府执行力方向是一致的。基层政府执行力的高低取决于执行态度、方式和基层环境等多维因素。其中执行态度是更为关键的因素，这又取决于政府干部的价值观、宗旨意识等，也和政府干部对自身行为所带来的社会效应期待有着密切关系。当基层政府干部对乡村振兴战略充满信心与期待的时候，更容易激发其干事创业的积极性。

二、理论基础

党的十八大以来，习近平总书记反复强调“抓落实”的重要性，抓落实也就是本书强调的政府执行力。此外，国内外的相关理论——新公共管理理论、新公共服务理论、公共选择理论、数字治理理论、协同治理理论、责任政府理论等为本书的研究提供了分析工具。

（一）新公共管理理论

新公共管理理论是在传统公共行政面临诸多困境，如政府财政危机、管理效率低下、公共服务质量不高等背景下产生的。这一理论主要是借鉴了私人部门的管理理念和方法来改进公共部门的管理。它强调政府角色的彻底改变，明确政府是决策者而非执行者，强调政府宏观调控，并根据实际需要引入竞争的环境。

新公共管理理论更关注管理活动的最终成果。例如，在公共服务提供方面，不再仅仅关注服务提供的步骤是否合规，而是更看重服务是否真正满足了公众的需求，是否达到了预期的社会效果。同时，政府绩效的考核以最终的绩效为标准，并且突出以人为本理念，政府绩效考核标准要与公众需求相吻合，并且公众的评价将作为政府绩效评估的重要参考。新公共管理理论对组织变革起到了重要的奠基作用。此外，新公共管理理论强调政府的工作重心要从事务性工作转向人员管理，尤其强调公众在政府管理中的重要作用。

新公共管理理论的内涵较为丰富，不仅强调经济价值、市场机能、顾客导向，还引入了企业管理的技术和方法等，对完善和提升政府行政提供了参考。公共管理专家胡德将新公共管理归纳为七个方面："即时的专业管理；标准明确与绩效衡量；强调产出控制；转向部门分权；转向竞争机制；强调运用私营部门的管理风格、方法和实践；强调资源的有效利用。"[1] 在乡村振兴战略的背景之下，基层政府的有效运行面临更大的挑战，借助新公共管理理论可以对政府执行力各个维度进行深入研究。

（二）新公共服务理论

新公共服务理论是一种以公民为中心的公共行政理论，强调政府治理应发挥公众的积极作用，而非由政府主导管理。该理论是由以美国行政学家罗伯特·B. 登哈特和珍妮特·V. 登哈特为代表的一批公共行政学家总结建立的。2002 年，"新公共服务" 概念首次出现在《新公共服务：服务，而不是掌舵》一书中，书中提到的新公共服务理论对我国的服务型政府建设产生重要影响。

新公共服务理论强调以人为本的服务理念，并提出转变政府治理的角色。"建设服务型政府，涉及技术、观念、机制和体制等方面的变革和完善，是一项深层次、全方位的工程。"[2] 新公共服务理论

---

[1] 张成福、党秀云：《公共管理学》（修订版），中国人民大学出版社 2007 年版，第 16－17 页。

[2] 董田甜：《服务型政府建设的关键：政府执行力》，载《唯实》2007 年第 12 期。

认为政府工作的重点是建立具有完善整合能力的公共机构，公务员的主要任务是服务公民实现其利益；同时强调公民和政府一样具有共同参政议政的权力，要增强公民权力意识和责任意识，政府要提供优质服务以满足人民群众的需要。新公共服务理论还强调所提供的服务既要兼顾效率和公平，还要满足服务对象的多样化需求。因此，新公共服务理论对基层政府的角色定位、职能转变、执行力等都提出了较高的要求。

《乡村振兴战略规划（2018－2022年）》明确指出，实施乡村振兴战略要逐步建立健全基本公共服务体系。这就要求基层政府提供与乡村经济发展水平相适应的公共服务，明确政府公共服务的职能范围，提高乡村公共服务的质量等。因此，“乡镇政府要为各种现代农业项目发展做好服务保障工作，免除农业企业发展的后顾之忧，最终形成乡村发展的内生动力，促使乡村现代化从‘行政推动’走向‘内源发展’。”[1]

（三）公共选择理论

公共选择理论是由经济学家詹姆斯·布坎南提出的，主要以公共选择为研究对象，通过民主决策的方式来了解公共物品的供需情况，并做好资源的配置工作。公共选择理论侧重于对资源配置的非市场过程的研究，是以经济学为工具来分析政治的过程，其基本假定是：人是利己的且理性的，人们的选择是基于效用的最大化。公共选择理论将“经济人”假设引入政治，认为人们会根据不同的环境，按照理性原则，根据付出成本和收入回报的比较，作出对自身有利的

---

[1] 郁建兴等：《从行政推动到内源发展：中国农业农村的再出发》，北京师范大学出版社2013年版，第15页。

选择。此外，有学者认为，“在一个完善的社会秩序条件下，追求个人利益的经济人行为不仅不会给他人造成危害，相反，还会促进他人的利益”[1]。

公共决策看似是一种集体行动，但是公共选择理论将个人作为选择的最基本单位。在决策过程中，多个个体进行选择与行动，集体决策也是在个人决策的基础上形成的，集体决策的结果也由个人承担。因此，个人的选择动机和行为对公共决策具有重要的影响。

研究基层政府的执行力在使用公共选择理论作为分析工具时，要把基层群众作为“经济人”的假设应用到基层治理中，为避免利益的冲突，必须协调好各个主体利益的均衡分配，确保治理的公平性。增强基层政府执行力的目的是满足基层民众的各种公共需求，因此，要提高基层群众的参与度，使决策更加趋于民主性和科学性，从而推进基层政府执行力有效提升。

与公共选择理论相类似的是博弈理论。两者都以理性“经济人”假设为基础。但公共选择理论在政治领域的应用有其特殊性。它考虑到政治行为主体的复杂动机，除了经济利益外，还包括权力、地位、声誉等因素对行为的影响。博弈理论主要研究决策主体的行为决策。该决策是决策者基于对各自所获得的信息进行权衡比较和相互作用作出的。其中的核心假设是人都是利己主义者，基本前提是信息不对称。基层政府的行政行为往往包含各种博弈：一个是基层政府与上级政府的博弈，存在选择性执行的现象多是由于基层政府是在博弈中作出的决策。另一个就是基层政府与群众的博弈，由于各自站位和信息的不对等，群众在参与社会治理过程中也会有博弈。其影响基层群众对基层政府的信任度，从而促进或阻碍基层政府政策的推行。

---

[1] 鲁照旺：《政府经济学》，河南人民出版社2002年版，第163－164页。

（四）数字治理理论

数字治理从字面理解就是信息技术与治理实践的融合。狭义的数字治理指的是政府在治理中运用信息技术手段以提高政府行政和公共事务的运行效率。广义的数字治理指的是数字技术与政治—社会权力的组织体系有机联合，形成对经济和社会资源的综合治理。[1]

21世纪以来数字治理经历了四阶段变迁：传统互联网技术驱动的电子政务（2000—2010年），移动互联网技术推动的移动政务（2011—2015年），大数据技术支持下的数字政府创新（2016—2022年），人工智能技术驱动的智能政务与数字治理（2023年至今）。[2]随着信息化手段运用的日益成熟和普及，以及社会治理的发展，数字治理方式的融合不再是简单的数据分析和运用，而是在治理过程中实现社会、公众、信息的充分交互，公共政策的制定，信息资源的共享，公共服务的供给，公众有效参与治理的各个环节等。数字治理使得传统治理更加开放、高效、协同，这也是国家治理体系治理能力现代化的目标。

数字治理被广泛应用于经济、政治、文化、生态、社会等领域，积极引领和塑造着数字社会的全面构建。[3]其中，数字治理在政府治理层面的应用最为广泛而深刻，数字治理通过将信息通信技术、人机交换技术、算法算力等数字化技术应用于政府行政过程，利用电子政务、网格化管理、数字监督、新媒体传播等政治民主化手段，简化

---

〔1〕王浦劬、杨凤春：《电子治理：电子政务发展的新趋向》，载《中国行政管理》2005年第1期。

〔2〕郑跃平：《专栏导语：算法之于治理：角色、价值与风险》，载《公共行政评论》2024年第1期。

〔3〕邬晓燕：《数字治理中的技治主义：困境、根源与突破》，载《云南社会科学》2024年第6期。

优化了政府治理流程，推进了公共决策的科学化民主化，某种程度上实现了“对内赋能”和“对外赋权”的有机统一，既运用信息技术优化政府内部组织管理效能，又利用数据化平台促进公共决策的公民参与。

（五）协同治理理论

协同治理是一种跨越不同利益主体、部门和机构的合作模式，旨在通过协调和整合各方资源，实现各方资源和优势的互补，达到提高社会治理和公共服务水平的目的。协同治理理论最早由赫尔曼·哈肯（Hermann Haken）于20世纪70年代提出，与传统的协作和协调有所区别，协同治理强调为共同利益而进行合作，涉及共同参与、制定政策和组织实施等过程相互配合，这一概念直到20世纪90年代中期才进入社会科学的公共政策分析领域。[1] 协同治理可以运用在社会治理的各个领域，以实现优势互补，资源共享，提高治理效能。

协同治理的核心在于“协同”，包括主体协同、资源协同和行动协同。主体协同即不同治理主体明确自身角色和责任，相互配合。如在社区养老服务中，政府提供政策支持和部分资金，社会组织负责具体的服务运营，企业提供相关的产品和技术支持，家庭成员也参与其中，共同构建养老服务体系。资源协同要求对人力、物力、财力等资源进行整合。例如，在生态环境保护中，政府的环保专项资金、企业的环保技术和设备、社会组织的志愿者资源等相互结合，提高资源利用效率。行动协同是指各个主体在目标、计划和行动步骤上保持一致。比如在应对突发公共卫生事件时，各方主体在监测、防控措施实施、医疗救治等环节紧密配合，同步行动。

〔1〕 赖先进：《论政府跨部门协同治理》，北京大学出版社2015年版，第32－56页。

数字化协同治理是协同治理的进一步运用，是指在数字化转型的背景下，通过信息通信技术增强政府内部以及政府与市场、社会之间的互动与协作，从而实现更高效公共管理和服务的一种现代治理模式。[1] 数字化协同治理打破了传统的单一部门的治理方式，实现跨部门、跨层级的协作，强调多元主体的互动关系，有助于提高政府治理的服务质量。

（六）责任政府理论

责任政府理论强调政府权力与责任的对等，明确要求基层政府必须清楚自身的职责范围和应承担的各种责任，包括政治、法律、行政和道德责任等。责任政府理论的出现和进一步发展，与学者们对责任的研究密切相关，西方研究学者赫尔曼·芬纳对于政府的职能和责任进行研究发现，在政府进行社会治理的过程中，既需要行使自己的职能，也需要承担自己的责任，并且从社会生活的长远来看，政府承担自己的责任对于社会治理更加重要，认为责任政府建设是建立民主政府的必经途径。[2] 这使得基层政府在执行政策和处理事务时有了清晰的目标和方向。政府拥有公共权力，就必须对权力的行使及其结果负责。权力不能被滥用，而应该服务于公共利益。

完善的法律法规是责任政府的基本保障，应通过立法明确政府的职责、权限和责任承担方式。例如，《行政许可法》明确规定了政府部门在行政许可事项中的权力和责任，规范了行政许可行为。同时，要加强执法监督，确保政府依法履行责任。责任政府主要通过规

---

[1] 容志、白晶：《数字化协同治理的研究进展与未来议程》，载《公共治理研究》2025 年第 1 期。

[2] 李军鹏：《责任政府与政府问责制》，人民出版社 2009 年版，第 2 – 5 页。

范政府的行政行为来获取民众的信任。政府的一切行政活动都必须在法律规定的范围内，对于违法违规行为必须进行约束和惩罚，减少政府行政的随意性。

此外，责任政府理论强调在政府宏观调控的基础上，充分发挥市场的作用，有效利用社会各种资源，建设一个和谐且有活力的社会；强调多元参与治理，使政府成为名副其实的治理者，而非传统意义的管理者。由于政府治理的权力是公众赋予的，政府必须以服务者的身份做好服务公众的事务。公众将政府行使职能的方式、效率以及是否符合法律规范作为评价政府的重要依据，并体现为政府执行力的高低。

三、理论分析框架

基层政府执行力的构成要素主要包括执行主体、执行机制、执行资源和执行环境等四个内容。其中，执行主体是基层政府执行力的关键，执行机制是基层政府执行力的保障，执行资源是基层政府执行力的前提，执行环境是基层政府执行力的基础。

（一）基层政府执行力构成要素的学理分析

1. 执行主体

基层政府执行力的执行主体是指身处基层一线、直接参与政策实施与任务落实的工作人员及部门，具体涵盖乡镇政府、街道办事处的公职人员。

(1) 公共选择理论视角。

一是“经济人”假设下的行为倾向。公共选择理论假定个体是追求自身利益最大化的“经济人”。基层干部在执行任务时，可能会受到个人利益的影响。例如，在乡村振兴项目的资源分配中，个别干部可能会优先考虑与自己关系密切的群体或区域，以获取个人的政治支持或经济回报，从而偏离了项目原本的公平性和效益最大化目标，削弱了执行的公正性和有效性。

二是集体行动困境与执行力阻碍。公共选择理论指出集体行动中存在“搭便车”等困境。在基层工作中，一些干部可能会依赖他人的努力，在推动农村环境整治、产业发展等任务时缺乏主动性和积极性。例如，在农村垃圾分类宣传工作中，部分干部认为他人会承担主要工作，自己敷衍了事，导致整个工作推进缓慢，无法形成有效的执行合力，影响了乡村振兴战略的实施进度和质量。

（2）新公共服务理论视角。

一是服务意识与执行导向。新公共服务理论强调政府的服务职能。基层干部应将服务乡村居民作为首要任务，以满足村民对美好生活的向往为执行目标。在乡村基础设施建设中，干部要积极倾听村民需求，优先建设村民急需的道路、水电、通信等设施，确保执行过程以村民利益为中心，提高执行的针对性和村民的满意度，增强执行效果。

二是公民参与和执行协同。新公共服务理论注重公民参与。基层干部在执行乡村振兴任务时，应积极鼓励村民参与决策和实施过程。如在发展乡村特色旅游产业时，充分征求村民对旅游项目规划、经营模式的意见，让村民成为产业发展的参与者和受益者。这种协同执行模式能够调动村民的积极性，为干部执行工作提供更多的资源和支持，提升执行效率和可持续性，共同推动乡村振兴事业发展。

（3）责任政府理论视角。

一是内在驱动作用。责任意识是基层政府公务人员有效执行政策的内在动力。根据责任政府理论，公务人员应当明确自己的职责是为公众服务，并且对自己的工作结果负责。例如，在农村扶贫政策执行过程中，具有强烈责任意识的基层扶贫干部会主动深入贫困家庭，了解他们的实际需求，积极为他们寻找脱贫致富的途径，如帮助联系农产品销售渠道、提供农业技术培训等。这种责任意识驱使他们认真对待工作，克服执行过程中的各种困难，从而提升基层政府在扶贫工作中的执行力。

二是影响工作态度和行为。责任意识的强弱直接影响基层公务人员的工作态度和行为方式。一个有责任感的公务人员会以积极、认真的态度对待工作，注重工作细节，严格遵守工作程序和规章制度。相反，缺乏责任意识的公务人员可能会敷衍了事、推诿责任。例如，在基层环境整治工作中：有责任感的工作人员会积极监督环境卫生情况，及时处理垃圾堆积等问题；而缺乏责任感的人员可能对问题视而不见，导致环境整治政策执行不力。

2. 执行机制

基层政府执行力的执行机制包含多个关键内容，如考核评价机制、监督机制、激励机制以及政策制定机制等。这些机制相互配合，促使基层政府执行力稳步提升。

（1）新公共管理理论视角。

一是绩效评估激励执行动力。新公共管理理论引入企业管理中的绩效评估理念。基层政府通过建立科学的绩效评估体系，如 360 度评估（包括上级评价、群众评价、同级部门互评等）来衡量执行效果。对于环境整治项目，若评估结果与工作人员的薪酬、晋升等挂钩，就能够有效激励基层公务人员积极投入工作，提升执行力。

二是灵活的财政与人力资源配置。新公共管理理论主张灵活的资源配置方式。基层政府在执行任务时，需要合理配置财政资源。以农村基础设施建设为例，基层政府可以通过竞争机制将建设项目外包给性价比高的企业，而不是单纯依靠政府内部的工程队。同时，在人力资源配置上，基层政府可以根据项目需求，灵活调配人员，如从其他部门抽调熟悉工程预算、质量监管等方面的人员到基础设施建设项目组。

三是流程再造提升执行效率。新公共管理理论注重对传统公共部门的官僚制流程进行再造。基层政府在行政审批等工作中，通过简化烦琐的手续，如推行“一站式服务”，将多个部门的审批环节集中在一个服务大厅办理，减少居民和企业办事的时间和精力成本，提高行政效率，进而增强执行力。

（2）协同治理理论视角。

一是多元主体参与增强执行力量。协同治理理论强调多元主体共同参与治理。基层政府执行力的提升不再仅仅依靠政府自身，而是通过联合社区组织、企业、居民等多方力量实现。基层政府需要与其他主体建立平等、互信的合作伙伴关系。例如，基层政府与当地企业签订合作协议，共同开展就业培训项目。政府提供政策指导和部分资金支持，企业提供培训场地、设备和专业师资，双方通过定期沟通会议等方式协调工作，确保项目顺利执行。

二是信息共享保障协同行动的一致性。在协同治理过程中，信息共享机制至关重要。基层政府作为协同治理的核心组织者，需要搭建信息平台，使各个主体能够及时获取和共享与执行任务相关的信息。比如，在环保联合执法行动中，环保部门、市场监管部门和基层政府通过共享企业环境违法信息，统一行动，对违法企业进行有效整治。

三是明确责任提升执行的有效性。协同治理理论要求明确各主体在执行过程中的责任。在公共安全维护工作中：基层政府负责统筹协调、制定总体方案和应急处置，社区组织负责组织志愿者巡逻、安全宣传，企业负责保障自身场所安全等。明确的责任划分避免了相互推诿，提高了执行的有效性。

3. 执行资源

政府的执行资源是指政府履职过程中在人力、物力、财力、信息、技术等方面的投入情况。执行资源是组织生存的土壤，为组织的生存和发展提供环境条件，同时，不合适的环境也会制约组织的活动。政府执行力与资源互相影响，彼此形成了促进或者约束的关系。

（1）公共选择理论视角。

一是公共选择理论强调个体自利性对公共决策的影响。在基层政府资源分配过程中，各个利益群体（包括政府部门内部的不同科室、辖区内的不同社区或村庄等）都会基于自身利益进行博弈。例如，在一个镇政府的资源分配中：经济发展部门可能会为了推动当地企业的发展而争取更多的财政资金用于基础设施建设，以吸引投资；而社会事务部门可能更关注教育和医疗资源的分配，以提升居民生活质量。这种利益博弈会影响资源分配的合理性，进而影响基层政府执行力。如果资源分配不能平衡各方利益，可能导致某些政策执行受阻。比如，若教育资源过度向城镇倾斜，农村地区的教育政策执行就会面临资源不足的困境。

二是资源筹集的方式选择。公共选择理论关注成本—效益分析。基层政府在筹集资源（如财政资金）时，会考虑不同方式的成本和收益。例如，通过增加税收来筹集资金会面临来自居民和企业的压力，因为这增加了他们的负担。而争取上级政府的专项转移支付资金虽然不会直接增加本地的税收负担，但需要投入大量的人力和时间去撰写项目申报材料、通过考核评估等。基层政府会权衡这些方式的成本和效益，选择最有利于自身利益的资源筹集方式。如果选择不当，可能导致资源不足，影响执行力。比如，过度依赖上级转移支付而忽视本地经济发展潜力的挖掘，当上级资金收紧时，基层政府就会面临资源匮乏的困境，无法有效执行政策。

三是公共选择理论中的“搭便车”现象。在基层政府对资源进行整合的过程中，“搭便车”现象较为常见。例如，在农村环境整治项目中，多个村庄共同受益于河流治理工程。有些村庄可能会试图减少自己的资源投入（如人力、资金等方面），期望其他村庄承担更多责任，自己坐享治理成果。这种“搭便车”行为会导致资源整合困难，降低资源的整体利用效率，从而影响基层政府执行力。如果这种现象普遍存在，可能使环境整治项目无法按照预期计划进行，无法达到预期的治理效果。

（2）数字治理理论视角。

一是大数据助力精准资源获取。数字治理理论强调利用数字技术提升治理能力。在资源获取方面，大数据技术可以为基层政府提供有力支持。基层政府可以通过收集和分析大数据，精准定位资源需求和潜在的资源供给方。例如，基层政府可以通过分析辖区内企业的经营数据和居民消费数据，了解当地经济发展的资源需求情况，同时挖掘潜在的投资资源和税收增长点。利用这些数据，基层政府可以有针对性地开展招商引资活动，拓宽财政资源获取渠道。

二是互联网平台整合社会资源。互联网平台为基层政府整合社会资源提供了新的途径。基层政府可以通过搭建公益服务平台，整合社会各界的人力、物力和财力资源。例如，在应急救援场景下，基层政府可以利用互联网平台发布救援物资需求信息，快速整合企业和社会公众捐赠的物资、志愿者服务等资源。这种方式突破了传统资源获取的时空限制，极大地拓展了基层政府可利用的资源范围，为政策执行提供了更充足的资源保障。

4. 执行环境

基层政府执行力的执行环境丰富多样，深刻影响着执行成效。政治环境是首要的，清正廉洁的风气为执行保驾护航；经济环境为基层政府落实项目提供坚实后盾；和谐稳定的社会环境助推政策顺利落地；法治环境是根基，健全的法规让基层执法有法可依。

（1）新公共服务理论视角。

一是民主参与的社会氛围。公民的权利意识、责任意识等公民意识的水平也影响基层政府执行力环境。具有较高公民意识的居民会主动监督政府执行行为，促使基层政府更加规范、透明地执行政策。例如，在基层政府的公共工程建设项目中，公民若积极关注工程质量和资金使用情况，基层政府就会更加谨慎地进行项目管理和执行，确保工程质量达标和资金合理使用，从而在一个良性互动的环境中提升执行力。

二是公共服务价值导向的文化环境。新公共服务理论倡导政府以公共服务为核心价值。在基层政府所在区域，如果形成了重视公共服务的文化环境，那么基层政府在执行各类公共服务政策时会更顺利。比如在一个注重教育的乡镇，当地居民对教育资源的投入和教育政策的执行会给予高度支持，基层政府在推动学校建设、教师培训等教育相关工作时，能够获得更多的社会资源和民意支持，从而提升执行力。

（2）协同治理理论视角。

一是主体间的信任与合作关系。协同治理理论强调多元主体共同参与治理。在基层政府所处的社会环境中，如果构建起多元主体（包括企业、社会组织、居民等）之间信任与合作的社会网络，将极大地提升基层政府执行力。例如，在社区文化建设项目中，基层政府与社区文化社团、志愿者组织以及居民建立了良好的合作关系，各方能够在活动策划、资源筹集、组织实施等方面协同合作。社会组织利用其专业优势组织文化活动，企业提供资金或场地支持，居民积极参与，基层政府则起到协调和引导作用，这种协作的社会网络环境使文化建设项目能够高效执行，取得良好效果。

二是部门间的沟通与协调机制。在基层政府内部，跨部门协同的行政生态环境影响着执行力。如果各部门之间建立有效的沟通与协调机制，如定期召开跨部门联席会议、设立项目联合工作小组等，在执行复杂的综合性政策（如乡村振兴战略涉及农业、旅游、环保等多个部门业务）时，就能够打破部门壁垒，整合资源和力量，提高执行效率。

三是区域间的合作与交流。从协同治理角度看，基层政府所处的外部政策环境如果是开放包容的，有利于提升其执行力。在区域经济发展政策执行方面，基层政府与周边地区基层政府开展合作与交流，能够实现资源共享、优势互补。例如，相邻的几个乡镇共同打造区域旅游品牌，通过统一规划旅游线路、联合营销推广等方式，吸引更多游客，促进地方经济发展。这种区域间的合作得益于开放包容的政策环境。其使基层政府在执行经济发展政策时能够突破地域限制，整合更大范围的资源，提升执行效果。

（二）基层政府执行力各要素的内在联系

1. 执行主体是核心要素

（1）执行主体处于主导地位。执行主体（主要是基层政府公务人员和领导）在基层政府执行力中处于核心地位。他们是政策执行的直接实施者，就像一场演出的演员，负责将剧本（政策）演绎出来。例如，在农村新型合作医疗政策的执行过程中，基层政府的工作人员需要深入农村，向农民宣传政策内容、登记参保信息、办理相关手续等。他们的工作态度、专业能力和责任意识直接决定了政策执行的初步成效。

（2）执行主体具有驱动作用。执行主体还起到驱动其他要素的作用。他们通过自身的行动来调动和利用执行资源，构建和优化执行机制，并且适应和改善执行环境。比如，基层政府领导意识到当地教育资源匮乏影响教育政策执行效果后，会积极整合各方资源，争取上级资金支持、引入社会力量办学等，同时建立教师培训和考核机制来优化执行机制，并且积极营造尊师重教的社会环境。

2. 执行机制是保障要素

（1）执行机制规范执行行为。执行机制为执行主体提供了一套行为规范和操作流程，确保政策执行的稳定性和准确性。以行政审批为例，一个科学合理的行政审批机制会明确规定申请条件、受理程序、审核标准、审批时限等内容，这就像为基层政府工作人员提供了一个“操作手册”，使他们在处理审批事务时能够有章可循，避免随意性和主观性，提高行政效率和公正性。

（2）执行机制整合资源与协同环境。执行机制也是连接执行资源和执行环境的桥梁。一方面，它能够有效地整合执行资源，合理分配人力、物力和财力。例如，在基层社区建设项目中，其通过项目管理机制将资金、建筑材料、施工人员等资源进行统筹安排，确保资源得到充分利用。另一方面，执行机制能够促进执行主体与执行环境中的其他主体进行协同合作。比如，其通过建立跨部门协调机制和公众参与机制，使基层政府能与上级部门、同级其他部门、社会组织和公众等在良好的互动环境中执行政策。

3. 执行环境是支持要素

（1）执行环境塑造执行主体。执行环境对执行主体有着潜移默化的塑造作用。一个积极向上、民主法治的社会环境能够培养出具有高度责任感、公正廉洁的基层政府公务人员。例如，在一个法治观念深入人心的社区，基层政府工作人员在执行治安管理政策时会更加注重依法办事，并且在这种环境的影响下会不断提升自己的法律素养。

（2）执行环境影响机制运行。执行环境还影响着执行机制的运行效果。良好的经济环境能够为执行机制提供充足的资金支持，使其更好地发挥作用。例如，在经济发达地区，基层政府在执行公共服务设施建设政策时，可以利用当地雄厚的财政实力和活跃的市场机制，通过购买服务等方式，更加灵活高效地运行建设项目管理机制。相反，在经济落后、观念保守的环境中，执行机制可能会受到资金短缺、传统观念等因素的阻碍。

4. 执行资源是基础要素

（1）执行资源支撑主体行动。执行资源是执行主体开展工作的物质基础。没有足够的人力、物力和财力，执行主体即使有再高的积极性和能力，也难以有效执行政策。例如，在基层防洪抗灾工作中，如果没有足够的沙袋、救生设备等物资资源，以及专业的救援队伍和资金支持，基层政府工作人员就会束手无策，无法有效执行抢险救灾任务。

（2）执行资源受机制调配和环境影响。执行资源的调配和利用受到执行机制的制约。科学的资源分配机制能够确保资源合理地流向最需要的执行环节。同时，执行资源也受执行环境的影响。例如：在社会捐赠文化浓厚的地区，基层政府在执行社会福利政策时可以获取更多的社会捐赠资源；而在资源匮乏的偏远山区，获取外部资源的难度较大，这就需要基层政府更加注重内部资源的挖掘和整合，并且通过改善执行环境来吸引外部资源。反之，丰富的执行资源也有助于改善执行环境。例如，一些基层地区有充足的财政资金用于基础设施建设，新建道路让偏远山村与外界连通，不仅方便了村民出行、农产品外销，吸引了企业投资建厂，带来了就业机会，还提升了群众的满意度，从而全方位改善了当地政府的执行环境。

5. 四个要素之间的相互作用关系

（1）动态平衡与协同共进。这四个要素之间是相互依存、相互影响的动态平衡关系。任何一个要素的变化都会引起其他要素的连锁反应，并且它们需要协同共进才能提升基层政府执行力。例如，当执行主体通过培训和人才引进提升了自身素质后，会促使执行机制进一步优化，如对原有的工作流程和考核机制进行调整；同时，也会积极改善执行环境，增强与社会各界的合作，并且能够更有效地利用和拓展执行资源。

（2）反馈循环提升执行力。在政策执行过程中，四个要素之间还存在反馈循环关系。例如，执行环境的变化（如社会公众对环保的关注度提高）会反馈给执行主体，促使他们调整执行策略，完善执行机制（如加强环保执法机制），并积极争取和整合环保执行资源

(如增加环保设备采购)。这种反馈循环能够使基层政府不断适应环境变化，优化机制，整合资源，从而提升执行力。

基层政府执行力四个要素间的内在联系如图 2 - 1 所示：

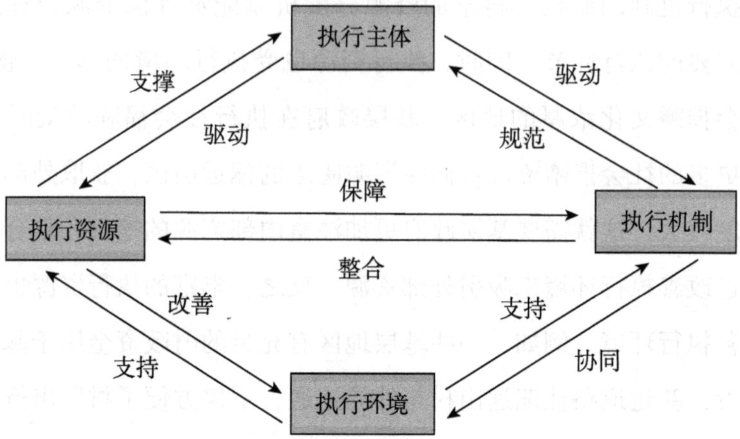

图 2 - 1　基层政府执行力四个要素间的内在联系

第三章　基层政府执行力的现状

笔者采用问卷调查、访谈调查和实地观察等方式对 A 省的基层政府执行力进行调查研究，收集材料。首先，采用问卷调查法在 A 省进行广泛调查，通过数据分析了解 A 省基层政府执行力现状。其次，采用个别访谈法，对不同的群体进行访谈，进一步了解 A 省基层政府执行力现状以及提高执行力的着力点。最后，通过实地调研走访，更加直观地了解 A 省基层政府执行力的水平。综合三方面的内容，分析 A 省基层政府执行力存在的问题及成因，并提出具有针对性的对策建议。

一、调查研究

调查研究是本书重要的分析基础和数据来源，为充分论证当前基层政府执行力的现状，我们对 A 省基层政府执行力现状进行广泛而深入的调查研究。调查样本超过千人，以基层政府执行力为主题，紧紧围绕乡村振兴战略这一研究背景，得出的相关调查结论具有较高的信度和效度。

（一）问卷调查

本研究的调查问卷共设置了 16 道题，包括人口统计学变量，即调查对象的性别、年龄、学历、工作年限、身份等信息，以及基层政府执行力存在的问题，影响基层政府执行力的因素，群众对乡村振兴政策的了解程度及评价、群众对政策执行的配合程度，基层政府政策执行监督重要性，基层政府行为满意度，提升基层政府执行力的对策建议等。为保证调查样本的典型性和广泛代表性，笔者利用问卷星（www. wjx. cn）调查平台进行网络问卷调查，通过社会网络关系发放问卷，范围涉及A省多地的基层政府，调查的对象主要涉及市、县级政府工作人员，乡镇级政府工作人员，村干部和群众。本次问卷调查共回收问卷1755份，有效问卷1642份，有效问卷率达93.56%。

1. 调查对象的性别和年龄构成

在性别分布上，男性占57.33%，女性占42.67%。在调查对象的年龄分布上：30岁及以下人员占20.52%；31—40岁人员占35.29%；41—50岁人员占28.54%；51岁及以上人员占15.65%。整体上看，样本的年龄主要分布在40岁及以下，年龄结构偏年轻化，具体情况如表3－1所示。

表3－1 调查对象信息汇总表

<table>
<tr><th>调查对象</th><th>有效问卷回收数量（份）</th><th>占比</th><th>年龄构成</th><th>占比</th><th>性别构成</th><th>占比</th></tr>
<tr><td>市级及以上政府工作人员</td><td>160</td><td>9.74%</td><td>30岁及以下</td><td>20.52%</td><td rowspan="2">男</td><td rowspan="2">57.33%</td></tr>
<tr><td>县级政府工作人员</td><td>326</td><td>19.85%</td><td>31—40岁</td><td>35.29%</td></tr>
<tr><td>乡镇级政府工作人员</td><td>399</td><td>34.30%</td><td>41—50岁</td><td>28.54%</td><td rowspan="3">女</td><td rowspan="3">42.67%</td></tr>
<tr><td>村干部</td><td>364</td><td>22.17%</td><td rowspan="2">51岁及以上</td><td rowspan="2">15.65%</td></tr>
<tr><td>群众</td><td>393</td><td>13.93%</td></tr>
<tr><td>合计</td><td>1642</td><td colspan="5">100%</td></tr>
</table>

2. 调查对象的学历构成

从学历构成来看：调查对象中初中及以下学历人数为94人，占5.72%；高中及中专学历人数为135人，占8.22%；大专学历人数为332人，占20.22%；大学本科学历人数为949人，占57.80%；研究生学历人数为132人，占8.04%，具体如图3-1所示。

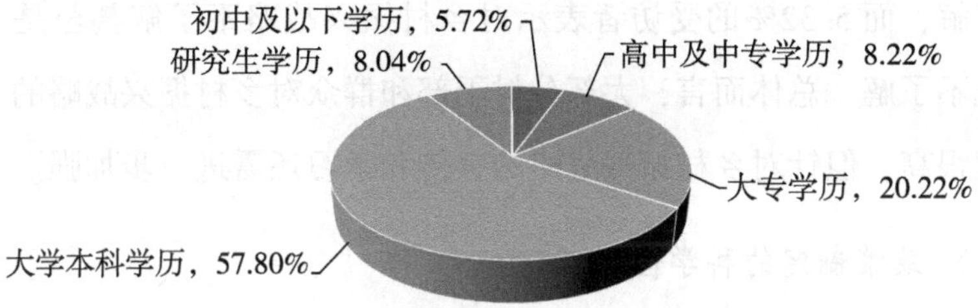

图3-1　调查对象的学历构成

3. 调查对象的工作年限情况

从工作年限来看：调查对象工作5年及以下的有342人，占20.83%；工作6—10年的有362人，占22.05%；工作11—20年的有486人，占29.6%；工作21—30年的有293人，占17.84%；工作31年及以上的有159人，占9.68%，具体如图3-2所示。总体而言，调查对象的工作经验比较丰富，对基层政府执行力现状有比较深刻的了解。

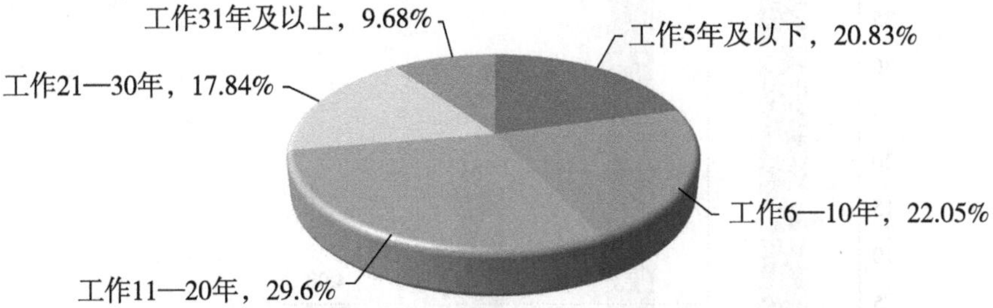

图3-2　调查对象的工作年限情况

4. 对乡村振兴战略的了解度

在开展基层政府执行力调查之前，本研究对村干部和群众是否了解乡村振兴战略进行调查，相关题目设计为“您对乡村振兴战略是否有所了解?”。调查结果显示，42.03%的受访者对乡村振兴战略非常了解，28.98%的受访者表示比较了解，23.67%的受访者表示简单了解，而5.32%的受访者表示对乡村振兴战略不了解甚至是一点儿也不了解。总体而言，大部分村干部和群众对乡村振兴战略的了解程度很高，但针对乡村振兴战略的宣传和学习还需进一步加强。

5. 政策制定的科学性

关于政策制定的科学性，问卷设计的题目是“您认为上级或本级政府制定的政策符合本乡镇实际吗?”。主要针对县级政府工作人员、乡镇级政府工作人员、村干部和群众四类调查对象。通过对调查结果分析发现，39.09%的受访者认为上级或本级政府制定的政策与当地实际情况的符合度很高，38.21%的受访者认为上级或本级政府制定的政策比较符合当地实际，但有16.84%的受访者认为上级或本级政府制定的政策一般，5.86%的受访者认为上级或本级政府制定的政策不符合当地实际，具体如图3-3所示。

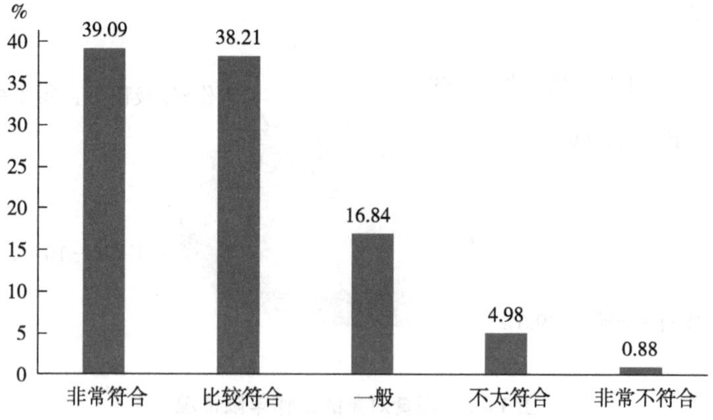

图3-3 政策制定符合度

此次访谈调查结果显示，部分基层群众认为基层政府贯彻落实上级政策的程度较低。究其原因，基层政府的公信力下降，与之密切接触的公众对基层政府的支持度也随之降低。调研显示，A省基层政府在动员公众方面面临一定的阻力和压力，部分基层群众由于曾经对政府存在一些不太好的印象，对政府出台的政策会产生抵触情绪，阻碍基层政府一些工作的开展。要提高政府推动政策落实的能力，必须获得各相关部门的配合和支持，并有效整合各种重要资源。但是，A省基层政府对社会资源的利用和分配存在一定的"碎片化"的倾向，使政府难以高效利用其所掌握的资源并服务于民。调研时还发现，一些群众不配合政府工作，除了群众自身的因素之外，还与基层政府下属的各个部门的支持度和配合度不足有关。为维护自身利益，基层政府时常会"上有政策，下有对策"，甚至是"欺上瞒下"，只考虑上级考核目标要求，而无暇顾及基层群众的需求，开展行政活动存在形式主义。政府政策推行因各项资源欠缺，公信力缺乏，群众的支持度有限。

6. 公众对基层政府行为的满意度

基层政府行为满意度的调查分析主要涉及几个方面，包括政策宣传，基层政府工作人员的业务能力、工作态度、整体评价等方面。在基层政府的政策宣传方面，相关的问卷题目是"您认为本乡镇政府的政策宣传力度如何？"。调查结果显示，超过84%的受访者认为基层政府的政策宣传力度很大或较大。在基层政府工作人员业务能力方面，有超过85%的受访者认为基层政府工作人员业务能力很强，另有接近15%的受访者认为基层政府工作人员业务能力一般；在基层政府工作人员工作态度方面，超过89%的受访者认为基层政府工作人员的工作态度良或好，接近11%的受访者认为基层政府工作人员的工作态度还有待提高；在基层政府工作人员整体评价方面，超过87%的受访者给予了基层政府工作人员整体好评，同时也有接近13%的受访者认为基层政府工作人员的整体素质一般或较差。综合来说，受访者对基层政府行为满意度很高。

调研发现群众对基层政府的行政效率和回应诉求的速度满意度较低。我国当前实行的管理方式是自上而下的，由于政府之间并非彼此监管的约束模式，上级政府只负责其下级政府的工作。如果上级政府缺乏对基层实际的了解，仅仅依靠痕迹管理进行绩效考核与评价，很容易导致基层政府选择性地向上级汇报情况。一些基层政府为了逃避责任，甚至会隐瞒实情。因此，一旦群众发现基层政府的此类行为，其便丧失了在民众心中的分量。具体来说，主要表现为以下三个方面：

一是基层群众对部分政府职能异化不满。有些基层政府从“公共服务者”蜕变为“利益追逐者”，背离公共职能本质。调研显示一些基层政府往往只考虑本部门或个人的利益，选择性地执行对其有利的事务，而对一些无利益的或者需要承担责任的事务则避而远之。有基层干部反映：“任务一级压一级，干不了的事情也要硬着头皮干，上级安排的事又多又杂，大家都忙得团团转，很少有时间能顾及人民群众。而且我们的绩效永远都是和上级安排的任务挂钩，而很少与群众的认可度挂钩，所以，我们当然会选择优先完成上级任务，忽略群众的意愿也就在所难免了。”因此，由于利益冲突就容易出现基层政策的选择性执行，或者部门间的相互推诿，导致履职真空。此外，一些政府即使对应管的事务进行了管理，但是，因未能达到公众期望的标准，也会引发民众不满。特别是有些安全事故的发生反映出政府监管执法的责任意识缺乏、应急管理能力不足，包括事前的预警机制、事中的应急措施以及事后的反思总结等都存在不足。

二是对基层政府行政行为越位不满。一些基层政府部门因有利可图，对一些并不属于政府的职责范畴进行了不当的管理。作为社会治理工作的主要承担者，基层政府理应满足民众多方面的需求。但是，一些基层政府过度追求经济效益，而忽略了人民群众对公共服务的需求，甚至造成了不良影响。一些基层政府对自身职能界定还保留着过去的想法，依旧以全能型政府界定自身的角色，履职时存在贪大求全，大包大揽的想法。然而，社会的形态早已与计划经济时期不同，政府的资源越来越有限，精力也被更高标准的任务分散，导致政府在本应管理的事务上力不从心。还有一些政府部门不惜以违反相关规定为代价，干预不属于自己职权范围的事务，造成社会整体福利下降。

三是基层群众对基层政府行政行为错位不满。政府本应是为人民谋福利而存在的，一些地方政府却为中饱私囊而牺牲民众利益。虽然我国是法治国家，但仍然有些地方政府存在人治行为，在具体事务管理中，法律权威低于人的威严，甚至在一些地方，法律制度形同虚设。同时，在一些地方，政府的行政过程缺少透明度常常让群众质疑。从某种角度来说，行政过程的公正公开比行政结果的公正公开更为重要。此外，一些基层政府在处理公共事务中存在有失公允和有意偏私情况，造成民众不满。由于基层政府扮演着多重角色，不仅是具体职能的执行者，还是相关政策的制定者和管理者；因此，一些基层政府在处理与其相关的利益冲突时很难做到绝对的公平公正，在其行政过程中极易出现个人权威高于制度权威，导致基层政府职能履行得不充分，不能秉公执法的现象。例如，在调研中发现，基层政府的一些干部存在有令不行、有禁不止的情况，由此加剧了干群矛盾，损害了基层政府的公信力。此外，一些基层政府由于权责不对等和属地管理等不合理的制度设计等因素导致力不从心。

7. 基层政府政策执行监督的重要性

关于该问题，相关的问卷题目是“您认为在政府政策执行过程中，监督重要吗?”。统计分析发现，大多数受访者认为监督在政府政策执行过程中很重要，占比超过93%。但有4.13%的受访者觉得政府公开信息的重要性一般，另有2%左右的人认为政府政策执行监督不重要。具体如图3-4所示。

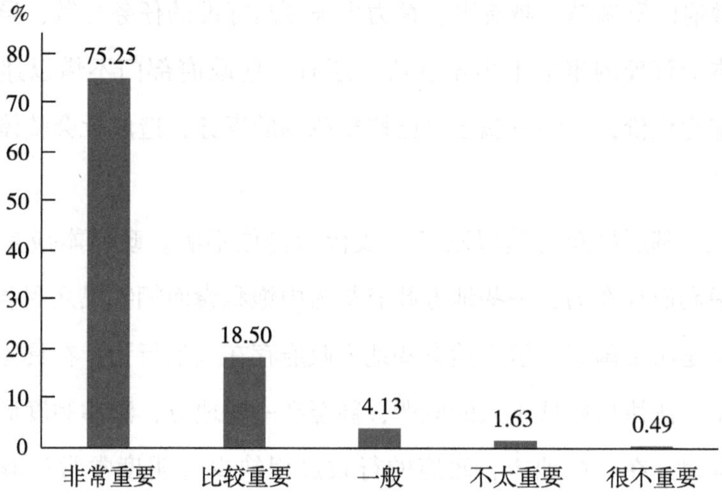

图3-4 基层政府政策执行监督的重要性

8. 群众对基层政府政策执行的配合程度

关于该问题，相关的问卷题目是“您认为当地群众对本乡镇政府执行政策的配合程度如何?”。通过统计分析了解到，33.61%的干部认为群众非常配合当地政府的政策执行，45%的干部认为当地群众比较配合，但有19.38%的干部认为群众的配合程度一般，2%左右的干部认为政府在政策执行过程中群众不配合。具体如图3-5所示。

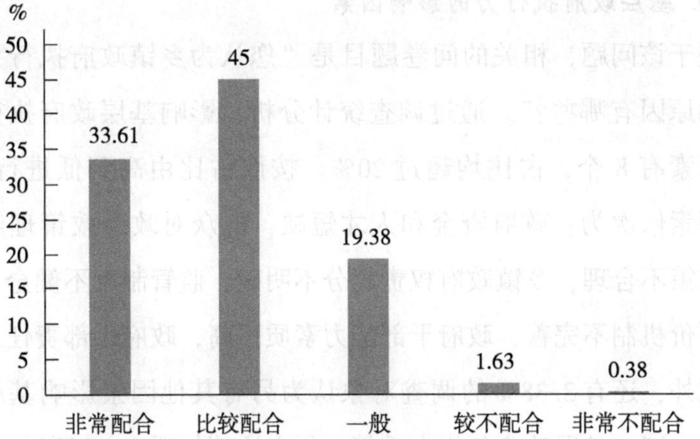

图 3-5 群众对基层政府政策执行的配合程度

9. 基层政府执行力主要存在的问题

关于该问题，相关的调研题目是“您认为本乡镇政府执行力方面存在什么问题?”。通过调查统计分析，当前基层政府执行力存在的问题主要包括 6 个方面，占比由高到低依次是机械执行、变通执行、选择执行、象征执行、拖延执行、不敢执行。但是，也有 44.88% 的公众认为基层政府执行力不存在问题，这与公众对基层政府的积极评价相契合，所占比例如图3-6 所示。

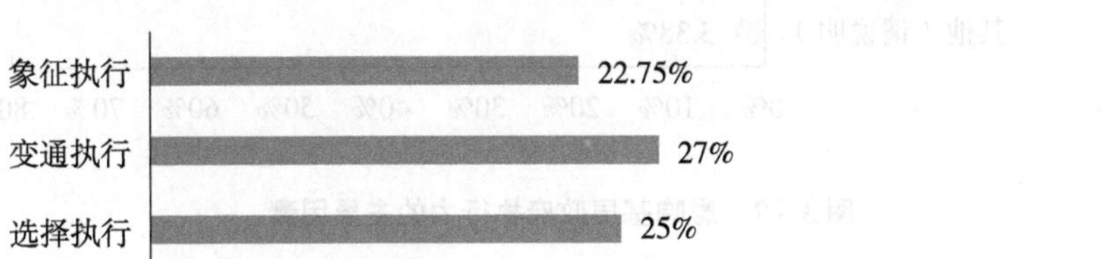

图 3-6 基层政府执行力主要存在的问题

10. 基层政府执行力的影响因素

关于该问题，相关的问卷题目是“您认为乡镇政府执行力存在问题的原因有哪些?”。通过调查统计分析，影响基层政府执行力主要的因素有 8 个，占比均超过 20%。按照占比由高到低进行排序，影响因素依次为：政府资金和人才短缺，群众对政府政策理解不到位，政策不合理，乡镇政府权责划分不明确，监管制度不健全，政府考核评价机制不完善，政府干部能力素质不高，政府干部责任意识缺乏。此外，还有 3.38% 的调查对象认为另有其他因素影响基层政府执行力，诸如基层政府负担太重等，所占比例如图 3 – 7 所示。

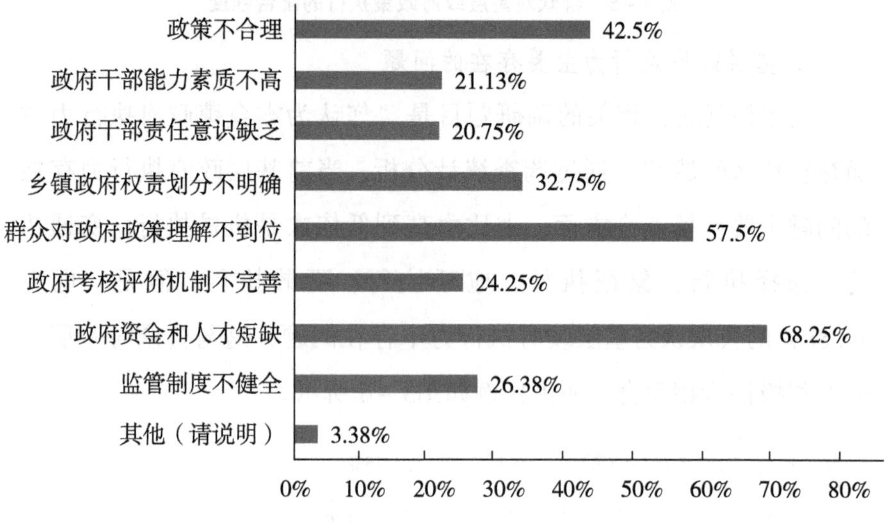

图 3 – 7 影响基层政府执行力的主要因素

（二）实地调研

实地考察调研也是直接了解基层政府执行力的有效办法。通过走访考察一些乡镇实际了解当地的基础设施、产业情况、民风民俗、自然环境、村民生活状态等情况可以获得直观的感受。若观察到乡镇的经济社会发展情况不错，可以基本判定当地政府执行力不会太弱。调研组到多个乡镇进行了实地考察，了解了镇政府人才队伍建设以及当地产业发展情况。总体而言，多数乡镇在乡村产业振兴方面都铆足了劲按照上级要求有序开展工作，也取得了一定的成效。据了解，某镇政府组织领办大米加工厂、夜香花种植基地等在乡村产业振兴方面取得积极成效。2022 年该镇村集体经济总收入为 201.4 万元，较 2020 年增长 36.4%。按照“一园一带二区”布局，镇、村干部加快高标准农田建设，建成当地的粮食产业示范区。2022 年，该镇示范区粮食产量为 0.86 万吨，产值约 1728 万元。在干部队伍建设方面，该镇政府注重提升干部能力素质，实施村干部轮训、骨干培养以及学历提升“三项工程”，累计培训干部逾 600 人次，也取得一定的成效。

某乡镇为加强干部队伍，创新活动载体，以“夜校”“夜谈”“行动学习”“清单督办”四大举措，全面推动全镇干部执行力不断提升，为地方经济社会发展提供坚强的组织保障。

一是以“夜校”悟思想强本领。聚焦思想建设，采取“每周一学”，固定每周四举办“夜校”培训班，围绕乡村振兴重点领域，深入学习习近平总书记重要论述和中央、省、市等政策文件知识。按照“缺什么、补什么，需要什么、培训什么”的原则，推行研学式、案例式、分享式等互动教学，让“夜校”课堂不沉闷、不单调，切实提升学习实效，引导干部在学思践悟中增强服务乡村振兴的自觉性、坚定性，努力把“夜校”办成乡镇干部服务乡村振兴的“加油站”“充电桩”。

二是以“夜谈”听民困解民忧。创新推行“夜谈夜话”活动，每周利用周一、周三晚上，组织乡镇干部进村入户，采取板凳会、庭院会、圆桌会等形式，与群众拉家常、讲政策、谋发展，切实把乡村振兴建设融入“唠嗑说事”的乡村夜话中。活动坚持问题导向，采取“你来说，我领办”形式，倾听群众反映诉求，了解群众需求，再由领导干部现场答疑、接单领办，以实际行动解民忧、暖民心。活动开展以来，全镇共收集问题清单387条、制定民生项目52条，通过“挂图作战”“销号管理”，已完成352个问题“销号”，落实35个民生项目建设，解决村级事务800余件，化解矛盾纠纷300多人次，真正实现问题在一线发现，方法在一线汇聚，措施在一线落实，成效在一线显现。

三是以“行动学习”解难题助发展。为推动理论与实践相结合，更好应用行动学习法解决问题、推进工作，该镇率先开展“行动学习进村屯”活动，由领导班子领学示范，每季度开展一次行动学习活动，围绕中心工作，寻破解发展难题之良策。比如针对村集体经济发展缓慢难题，领导班子成员通过头脑风暴法和团队列名法，共找出“村干部知识水平不高，管理能力欠缺”“管理、扶持等政策不够完善、指导性不强”等15个问题，并对症下药，提出11条对策，进一步提高解决问题的实际工作能力。

四是以“清单督办”抓落实求实效。为进一步转变领导干部作风建设，确保镇党委、政府部署的各项工作落地见效，镇党委成立“督办工作组”，每周制定下周领导班子、各部门及各村三级工作清单，明确工作任务和时限要求，每周由督办组对照上周工作清单，逐项检查落实情况，并根据落实情况量化形成的完成情况排名表给予通报。配套出台实绩考评机制，强化平时督办结果的分析运用，将督办结果与“评先评优”挂钩，针对落实不力的村、部门，一旦连续三次排名倒数后三位，就取消年度“评先评优”资格。通过督办考评，倒逼责任落实，进一步激发干部干事创业的激情与活力。同时，镇党委、政府大力整治“走读”现象，出台领导干部“走读”整治管理工作方案，以严的作风铁的纪律，全力打造一支“能吃苦、善战斗、出成绩”的干部队伍，锻造成为乡村振兴的“主力军”。

但是，笔者在对基层政府执行力的调研中也发现了一些问题，如基层工作任务繁杂、专技人才缺乏、干部队伍结构失衡、工作生活条件艰苦，形式主义问题没有得到根本解决等，这些都不同程度地影响基层政府的执行力。

一是乡镇任务繁杂而艰巨，专技人才匮乏，存在本领恐慌。乡镇当前不仅有乡村振兴的艰巨任务，还有各种“巡”的任务，包括巡田、巡林、巡河等，还要求入户遍访脱贫户、宣传一氧化碳中毒、土地整治非粮化非农化等。一些乡镇反映现有的干部工作技能跟不上岗位要求，尤其是处理一些专业性较强的任务时，常觉得束手无策。有不少乡镇干部表示，他们获得学习培训的机会非常少，存在本领恐慌，因此，特别渴望获得专业学习培训的机会。一名民政办的乡镇干部反映，她面对的群众都是老弱病残，有些低保户的医保收费难度很大，群众因为费用过高不想缴纳。但是，按要求必须100%收缴，若任务完不成，就会扣绩效，压力很大。此外，乡镇工作人少事多、权小责大、权责不明，“小马拉大车”，致使一些干部长期“负重”。

二是镇政府的干部队伍结构失衡。有的乡镇干部队伍年龄结构偏年轻化：一方面是部分年轻干部工作经验缺乏；另一方面是一些优秀的年轻人才留不住，流动性较大。还有部分乡镇干部对个人职业发展前景担忧，情绪低落。调研时，有一乡镇长称其在乡镇工作9年了，感觉前途渺茫。同样地，一名2016年留任的书记表示，作为“80后”，在乡镇工作多年，由于没有年龄优势，未来到县城的机会渺茫，心情十分沮丧。此外一些年轻干部被县市级部门借调，但是编制还在乡镇，大多无法正式进入借调单位。如果这些人想返回到基层再提拔，却因脱离乡镇多年，乡镇一大堆等着提拔的人早已“论资排辈”站好队十分困难。乡镇干部晋升的机会本身较少，到了副科级别，职业生涯基本到头了。因此，有些干部因为看不到发展希望，出现“躺平、摸鱼、摆烂”的消极态度。

三是工作生活环境的差异，引起一些乡镇干部心理失衡。调研发现同样是在乡镇工作，一些乡镇距离县城比较近，经济发展水平一般也较高，干部回家交通比较便捷，工作满意度相对较高。但是那些距离县城偏远的乡镇，交通不便，有时候工作繁忙节假日也不能正常放假，这些干部长期和家人分居两地，加之工作和生活条件都比较差，容易产生情绪低落和心理失衡。此外，部分外地乡镇干部的归属感较低，调研显示，一些新入职的乡镇干部，尤其是外地干部在异地他乡工作，身边没有亲人朋友，容易感到孤独寂寞。此外，由于本地干部和群众多数讲当地的方言，外地干部无法顺畅沟通，缺乏归属感，也影响工作的开展。

四是形式主义问题没有得到根本解决。部分乡镇反映，迎接上级各类督查、检查、暗访、调研等任务依然较重。乡镇政府面临诸多考核内容，比如在“三农”领域就有耕地保护、乡村振兴实绩考核，巩固脱贫成果后评估考核等。文山会海问题没有根本转变，一些地方虽然在发文开会的数量上有所减少，但是依然习惯于以文件落实文件，以会议落实会议。“痕迹管理”问题有所改观，但为了落实减负政策，又出现了新的形式主义。部分基层干部还存在“考核焦虑”，例如乡镇每年要接受的综合考核中，除了经济发展的考核之外，还有来自环保、国土、林草、住建等多个条线的考核，检查内容过多过细，导致乡镇干部力不从心。

二、研究结果分析

笔者调查研究发现，当前基层政府执行力的整体情况较好，群众对政府行政行为的满意度处于较高水平，这与当地群众积极配合政府执行政策相一致。同时，在调研过程中笔者也发现，部分基层政府执行力仍存在一些不足，特别是一些乡镇干部的工作任务繁重，存在本领恐慌，对未来职业前景较为担忧，这些问题都有待进一步解决。

（一）基层政府执行力的整体情况较好

通过问卷调查、访谈调查和实地观察，笔者发现基层政府执行力总体水平较高，群众对政府行为的满意度也处于较高水平，这与当地群众积极配合政府执行政策相一致。但随着我国进入全面推进乡村振兴阶段，基层政府面临的困难和挑战也逐渐增加。此外，由于形式主义、官僚主义问题滋生，在有的地方，诸如文山会海、过度留痕、层层加码、任意摊派等顽瘴痼疾还未能有效根除，致使基层政府负担依然较重，工作人员精力分散，再加上基层政府的容错纠错机制不健全、不完善，导致基层干部在执行政策过程中畏首畏尾，降低了政府执行力。

（二）基层政府执行力仍有不足待提高

自党的十八大以来，以习近平同志为核心的党中央，深入推进全面从严治党，并不断向基层延伸，全党的政治生态持续向好。随着基层干部干事创业的积极性持续提升，人民群众的获得感不断增强。但是，正如一些学者提出的那样，“当前我国政府执行力存在着执行政策趋利化、执行制度形式化、执行主体谄媚化的问题”[1]。这些问题在一些干部身上依然存在，例如，有的干部在执行上级的决策和部署时，仅仅是充当上级的传话筒，以文件落实文件，以会议贯彻会议，缺乏对一些政策文件的深入学习和研究，对群众的疑惑也无法解答。一些干部只满足于“安排部署”“说了就当做了、做了就当做成了”，把工作重心放在如何留痕、如何做政绩，而不是解决基层群众所需上。调查研究发现，群众反映一些基层干部的工作态度和服务意识缺乏，耐心不够，遇到困难存在推诿扯皮现象等。人民群众满意不满意是衡量干部作风的重要标准。作风问题关系人心向背，“四风”问题严重损害党的干部队伍纯洁性、先进性。

作风问题具体表现形式可能不同，但根源都在于一些干部政绩观存在偏差，宗旨意识淡薄。例如，调研中发现，在关乎农民切身利益的农村土地流转问题中，基层政府作为土地流转政策的执行者，本应发挥积极的作用，但在企业经营不善，未能如期支付租金，出租土地的农户找政府解决时，政府却以这是企业的问题，政府无能为力为借口打发农户。诸如此类的流转主体的利益纠纷增多，阻碍了农村土地流转工作的顺利开展。一些农户甚至对政府的行为产生不满。还有一些基层政府为谋求所谓的政绩，对经济活动进行过度的干预。而且一些政府部门对经营管理并不擅长，其干预行为不仅加重了基层政府的负担，也破坏了基层政府的信用。此外，由于政府拥有信息、资源等方面的优势，在管理中不仅没有与群众共享信息和资源，也未以平等的姿态与群众接触，这种情况激化了一些利益受损民众与政府

---

〔1〕 谭九生、杨建武：《服务型政府理念下提升政府执行力的对策探讨》，载《吉首大学学报（社会科学版）》2012 年第 4 期。

之间的矛盾。我们的政府是人民的政府，理应所有工作的出发点都是以人民为中心，为人民群众当家作主。正如毛泽东同志所说的，我们的责任，是向人民负责。如果政府没有转变思想观念，缺乏正确的责任意识，就无法做到向人民负责，势必动摇党群干群关系，弱化政府公信力。具体来说，主要存在以下问题：

1. 选择性执行

存在选择性执行的主要原因是：一方面，出于趋利避害的本能，基层政府在执行过程中通常选择那些对自己有利的去执行，例如，选择那些执行相对容易的、见效快的、领导喜欢的、组织认可的等。这个过程往往忽略了最应该考虑的因素——群众的满意度。另一方面，基层政府的选择性执行，可能是由于能力或资源有限，心有余而力不足作出的无奈选择。还有的因为存在本位主义，在执行时不广泛征求同事和群众的意见，独断专行，习惯于“一言堂”，导致决策出现偏差。有时候基层政府可能也会考虑为群众提供更好的服务，但是，由于本领不足或者基层政府权力和资源有限，无法达到预期的效果。

2. 低效率执行

基层政府的低效率执行主要表现为执行的周期过长，消耗过多的基层精力。周期过长，通常是由于执行者的时间观念不够，有拖延症，遇到稍微复杂的事情，习惯性地拖延，回避问题。基层干部执行效率低下，原因是多方面的：有的是工作任务本身难度较大；有的是存在本领恐慌，工作无从下手；有的是政策本身缺乏科学性；有的是执行的资源不够；还有的是执行的方法不恰当。例如，一些基层干部工作上比较鲁莽，导致事倍功半，甚至南辕北辙，浪费了宝贵的资源。一些基层干部在执行过程中只要上级部门或领导没有催促，工作时能拖就拖已成为一种习惯，导致执行效率低下。

3. 机械执行

一些基层干部在工作的时候缺乏思考，不结合基层实际，生搬硬套，使很多工作脱离基层实际。有的对上级政策理解不到位，吃不准、吃不透上级的精神，只能依样画葫芦。执行脱离实际效果就打折扣，可能出现群众不理解不支持，形成执行的障碍。有的过分依赖经验，工作时总是固守陈规、惯性思维，无视形势变化，没有任何的创新精神，导致工作无功无过，没有任何特色。机械执行其实就是懒政怠政的表现，不愿意花心思在工作中，总想着得过且过，只要保证不出事，能不能出成绩无所谓，长期下去，基层工作就会停滞不前，甚至不进则退。

4. 形式上执行

一些基层干部为了应付繁杂的工作，又怕完不成任务而担责，工作唯形式，不注重实效。把说的当成做了，把规划当作实际，满足于走流程、搞形式，走完程序就算完成了。有的习惯于当二传手，工作敷衍了事，追求形式上过得去就行了。这主要源于基层干部工作的责任心缺失，只考虑个人得失，而不是站在群众的角度为民办实事。有的干部本领缺乏，除了开会发文走形式，其他的也不知道怎么做了。还有的时候因为上级压下的任务繁重，时间紧迫，基层干部怕担责，完不成任务，只好以形式主义去应对。例如，在建设美丽乡村时，一些地方把有限的财力都用在乡村“门面”的建设上面，“涂脂抹粉”以求实现短期效益。实际上一些乡村都已经是“空心村”，只剩下留守老人、儿童，乡村的内部道路泥泞不堪，却无人过问。

5. 变通执行

基层政府在执行政策的过程中，有时会对政策产生曲解，有的是因为对政策的理解不到位，而有的却是故意曲解，有的则是打擦边球，原因基本是功利主义思想作祟。变通执行时表面上有时候是看不出问题的，似乎是按照中央的政策正常履职，但是，实际上一些具体做法却和中央精神背道而驰。有的地方在实施政策的时候，为了谋取个人利益，会想尽各种办法规避责任，而这个过程虽然没有违背中央精神，但却可能付出极大的成本。另外，有的地方可能看到某些政策的利益，将政策覆盖面扩大，以提高自身获得更多利益的可能性。例如，一些地方为了快速推进地方产业发展，在政策宣传时只强调税收优惠、企业扶持等各项优惠措施，而对环境保护、生产安全等方面却刻意隐瞒，留下执行的空白。

6. 不敢执行

当前基层政府基本能做到担当作为，但是依然存在一些基层干部不担当不作为，主要原因之一是不敢担当、不敢执行，工作的时候瞻前顾后、犹犹豫豫。第一，怕冒险。工作原则是以不出事为底线，至于执行效果好不好则不在考虑范畴。所以，一些基层干部的工作态度就是能少做就少做点，能不做就不做了，能推卸的就推卸，导致工作执行不到位。第二，怕得罪领导。在基层干部中有的是看人办事、看人说话，目的性很强，尤其害怕得罪领导，影响自己的仕途；所以，在工作中总是扮演“老好人”的角色，不敢坚持原则，对一些问题常常是睁一只眼闭一只眼，对群众工作也不上心，害怕接触群众，不想帮群众解决难题，不想负责。第三，怕担责。遇到矛盾和问题需要解决，总是能躲就躲，能拖就拖，能推就推，为自己的不作为找各种借口，就是不愿意在解决问题上下功夫。

此外，部分基层政府干部没有形成有效的合力，团结协作不够导致执行力不足。多数基层干部可以做好本职工作，但是存在契合度不够的问题。因为很多基层事务性的工作不仅需要各个政府部门之间的协作，也需要内部成员之间相互“补台”，发挥各自优势。每个人的性格、喜好、专业等可能都不一样，但是既然一起共事，就应该彼此尊重，相互包容，学会换位思考，如果各自为政，斤斤计较，很多工作是无法顺利完成的。

第四章 研究结论：影响基层政府执行力的关键要素

调研和分析发现，影响基层政府执行力的因素是多方面的，除了基层政府干部自身原因这一重要因素之外，还有基层政府执行机制因素、基层政府执行环境因素、基层政府执行资源因素等。

一、执行主体：基层政府执行力的核心要素

基层政府干部自身因素是影响基层政府执行力的首要因素也是关键因素，部分基层政府干部存在宗旨意识淡薄、担当意识不足、法治观念缺乏、内生动力不足、能力素质不高，以及不良的执行习惯等问题，弱化了基层政府执行力。

（一）干部队伍

1. 正式编制总量不足

基层政府的正式编制数量有限，在职在编干部偏少，难以应对基层政府较为繁杂的工作任务，导致一些政府干部往往一人要负责多项工作。所以，基层政府普遍使用聘用人员来协助工作。但是这些聘用人员的福利待遇难以得到保证，因此他们的流动性也较强。同时聘用人员的能力素质普遍不高，也难以胜任基层的一些复杂工作。当

前，多数地区通过人才引进方式招录了一些专业人才。这些人员的素质参差不齐，能力较强的干部通常希望到条件更好的地方发展，基层政府很难留得住他们，而能力较差的干部又无法胜任工作。

2. 缺乏对自身正确的认知

基层政府干部在年龄结构上存在两种极端：一些是年龄偏大的老同志，由于长期在基层工作，自身学历和能力有限，感觉提拔无望，工作积极性和学习主动性都比较差。还有一些比较年轻的干部，由于他们的工作经验较少，但是学历较高，心气较高，看不上基层工作。这些人眼高手低，又不虚心向老同志学习，工作能力往往达不到预期。由于不能清晰地认识自身的问题，学习主动性缺乏，他们的综合能力素质提升也较慢。

3. 基层优秀人才流失大

人才队伍建设各个地方都逐渐重视，相比大城市优厚的人才引入政策，基层政府受到地域和经济发展限制，配套政策也较为缺乏，人才吸引力较弱。尤其在基层，人才外流现象十分严重，普通高校的毕业生通常不会选择去农村工作，更别提高精尖人才。人才引入难度大，人员流失又较多，一些人通过考公务员的方式到基层工作，只是把基层单位作为一个跳板，无心扎根基层。还有一些优秀的基层干部被上级单位借调走，导致基层单位人手紧缺。因此，一些基层出现“现有人员不好用”“好用人才留不住”的矛盾。人才流失使经济发展薄弱地区面临更加严峻的挑战，难以保障基层政府的有效运行，也加剧了乡村振兴战略的实施难度。

（二）宗旨意识

“政府执行力归根结蒂要受精神力量驱使。”[1] 影响基层政府执行力的首要因素当属基层干部的宗旨意识。宗旨意识淡薄，意味着政治站位可能出现错误，只考虑个人得失，而忽略群众的真正需求。宗旨意识在日常工作中主要表现为干部的工作责任意识。责任意识直接决定执行力的高低，有助于干部提高克服困难的决心和毅力，以高标准、严要求，尽己所能将各项工作落实到位。习近平总书记常常强调，我们要有“时时放心不下”的责任感。这种责任感就是个人对本职工作的一种敬业的态度和精神。基层政府干部一定要明确工作是“对谁负责”的问题，只有始终坚持做到“对人民负责”，才是基层政府执行力的根本遵循。如果责任心缺失，即使有再好的政策、再好的资源、再好的平台也无法发挥作用。具体来说，基层政府干部在宗旨意识方面，主要受以下几个因素影响：

1. 官本位思想

一些领导干部的政绩观出了问题，漠视群众利益，存在严重的官本位思想，表现为不担当、不作为、不敢为、不善为等。一些基层政府干部没有摆正自身的位置，存在官僚主义作风，在工作中端着“官架子”，高高在上，说话喜欢打官腔，独断专行、我行我素，做表面文章等，与群众产生较大的距离。有的基层干部在接待群众来访时，态度冷漠、敷衍了事。对群众反映的问题不认真倾听，不耐心解答，而是简单地把问题推给其他部门，或者让群众回去等消息，从不主动跟进问题的解决进度。例如，一位村民因为与邻居发生土地纠纷

[1] 孔凡河：《公共精神：政府执行力的价值跃迁引擎——基于国家治理的视角》，载《上海大学学报（社会科学版）》2016 年第 4 期。

找到当地的基层干部寻求帮助。干部不但没有积极调解矛盾，反而表现出不耐烦的情绪，对村民说："这点小事也来找我，自己去解决。"然后就不再理会村民，使村民的问题长期得不到解决，矛盾不断激化。在某些贫困地区，有基层干部对村里的基础设施建设漠不关心。比如，村里的道路年久失修，严重影响村民出行和农产品运输，但相关干部却不积极争取修路资金，也不主动组织村民进行修缮。面对村民的多次反映，总是以各种理由推托，不采取实际行动解决问题。

作为服务基层群众的一员，不管是领导干部还是普通干部，都必须俯下身子，问群众之冷暖，解群众之难题。"官本位"思想与"民本位"要求背离，部分基层政府可能更多追求本级政府的利益甚至是个人利益，而忽略了群众的利益，出现随意执行、曲解式执行或者形式上执行，弱化了执行力。邓小平同志曾指出："群众是我们力量的源泉，群众路线和群众观点是我们的传家宝。党的组织、党员和党的干部，必须同群众打成一片，绝对不能同群众相对立。如果哪个党组织严重脱离群众而不能坚决改正，那就丧失了力量的源泉，就一定要失败，就会被人民抛弃。"[1]

2. 急功近利

一些基层干部缺乏长远眼光和战略思维，个别基层干部在土地征收、房屋拆迁等工作中，为了追求工作进度，不考虑群众的合法权益。比如，在没有与村民充分协商、未给予合理补偿的情况下，就强行推进拆迁工作，引发村民的强烈不满和抵制。甚至有的干部在拆迁过程中还存在暴力执法的行为，严重损害了政府形象和群众利益。

在推动经济发展时，一些基层政府片面追求 GDP 增长，过度依

---

〔1〕 邓小平：《贯彻调整方针，保证安定团结》，载《邓小平文选》（第 2 卷），人民出版社 1994 年版。

赖资源开发和粗放型产业，而忽视了环境保护和可持续发展，导致生态环境破坏等问题。在社会治理方面，为了迅速解决眼前问题，一些基层政府会采取一些临时性、短效性的措施，而没有建立长效机制，导致一些问题反复出现，无法彻底解决。基层政府不能急功近利，要有“功成不必在我”的精神境界，“功成必定有我”的坚定决心，不能出现新官不理旧账的情况，目光过于短浅，只考虑个人的政绩，最终损害的可能就是群众的利益。比如，很多乡村振兴产业短时间内很难有显著成效，此时，若为了追求短期政绩，把资源和精力都投入到建设亭台楼阁等“涂脂抹粉”的事情上，不仅浪费了基层政府有限的资源，也会引起基层群众的不满。

3. 理想信念不坚定

有的干部理想信念缺失，不信马列信鬼神，热衷于封建迷信，烧香拜佛；有的政治立场不坚定，在原则性问题面前态度模糊，不敢亮剑；有的不敢担当，怕担责，觉得从政风险太高，干脆躺平，这些都是宗旨意识淡漠的表现。有的基层干部政治意识缺乏，政治方向不明，执行任务敷衍应付。基层干部只有切实摆正自身的位置，时刻牢记宗旨意识，勇于刀刃向内，进行自我革命，切实把人民的利益放在第一位，强化道德修养，才能带领人民群众实现乡村振兴的伟大目标。

理想信念不坚定表现为部分基层干部缺乏工作热情和责任心，对上级布置的任务敷衍了事，不积极主动为群众办事。例如，在推动农村环境整治工作中，只是做做表面文章，没有真正投入精力去改善农村的环境卫生状况。有的基层干部对群众反映的问题视而不见，能拖则拖。比如，对于村里的道路损坏、饮水安全等问题，不积极向上级反映并争取解决办法，导致群众生活不便，对政府产生不满情绪。

理想信念不坚定还可能导致贪污受贿的问题，有的基层干部因为经不住诱惑，利用职务之便为他人谋取不正当利益，收取贿赂。比如在工程项目审批、招投标过程中，违规操作，收受建筑商的钱财，导致工程质量无法保证，损害公共利益。

理想信念不坚定首先是损害群众利益。理想信念不坚定的基层干部可能会在政策执行过程中偏向某些利益群体，忽视甚至损害普通群众的合法权益。例如在土地征收、拆迁补偿等工作中，不能公平公正地对待群众，使得群众的经济利益受到损失。其次是影响公共服务的质量和效率。懒政怠政的干部会导致群众办事难，比如在办理证件、审批项目时拖延时间，给群众带来不必要的麻烦和损失。再次是破坏党和政府形象。基层干部直接面对群众，他们的行为代表着党和政府的形象。如果基层干部理想信念不坚定，出现贪污腐败、不作为等问题，会让群众对党和政府失去信任，降低党和政府的公信力。最后是阻碍经济社会发展。贪污受贿等行为可能导致公共资源被滥用和浪费，影响基础设施建设、民生工程等项目的顺利实施，进而阻碍当地经济社会的发展。

（三）担当意识

学者指出，“要以重构公共行政伦理为政府执行力建设的价值导向，在行政执行中培育利他主义的公共行政伦理的品质，在公共行政伦理教育的引导中塑造行政执行的灵魂。”[1] 基层政府的“担当意识”正是将公共行政伦理转化为实际行动的关键纽带。基层政府是否具有担当意识，直接决定了执行力的高低。担当意识缺乏表现为一

[1] 魏向前：《价值、制度、主体三维视域下的政府执行力建设践行路向》，载《领导科学》2023 年第 3 期。

些干部在工作中存在形式主义、功利主义、推卸责任等问题。

1. 形式主义

部分基层干部过于追求短期政绩和表面成绩，将政绩作为晋升的敲门砖，热衷于搞“形象工程”“面子工程”。例如，一些地方不切实际地大搞城市建设，修建豪华办公楼、大型广场等，而忽视了当地实际经济发展水平和民生需求，导致资源浪费，加重了财政负担，却没有给群众带来实际利益。一些基层干部只注重形式而忽视内容和实际效果。比如，在工作中以文件落实文件、以会议贯彻会议，热衷于做表面文章，对工作的实际推进和落实情况关注不够，导致政策执行不力，工作难以取得实质性进展。此外，“指尖上的形式主义”也较为突出，一些地方过度依赖政务 App 等数字化手段进行工作考核和管理，基层干部花费大量时间在打卡签到、拍照转发等无实际意义的操作上，而真正用于服务群众和解决实际问题的时间相应减少。

形式主义会导致基层干部对群众的诉求不重视，问题得不到及时解决。当群众的问题长期得不到解决，诉求得不到回应时，容易引发矛盾和冲突，影响社会稳定。形式主义在一些领域还可能导致严重的安全隐患。例如，在民生工程建设中，如果存在形式主义，可能会出现工程质量不高、设施不完善等问题，给群众带来安全隐患。

2. 功利主义

“过度推崇功利主义，必然导致政府公共性迷失，而盲目迷信和依赖工具理性，又使得公务员陷入自私自利的泥潭。”[1] 个别基层干部在工作中存在利益权衡和算计，将个人利益置于公共利益之上。在

---

[1] 陈伟：《地方政府执行力：概念、问题与出路——基于公共精神和行政伦理的分析》，载《社会主义研究》2014 年第 3 期。

政策执行过程中，对自己有利的政策就积极执行，对自己不利或无利益可图的政策则消极对待甚至抵制。例如，在一些涉及土地征收、项目建设等工作中，部分干部可能会因为个人利益关系，在协调各方利益时不能做到公平公正，影响了工作的顺利推进和社会的和谐稳定。按照博弈理论和经济人假设，人们在选择行为时一般倾向于考虑个人利益，更多是从自身角度进行考量。在这样的利益驱动下，很容易作出违背“以民为本”的执行理念的行为。如果所有的干部都是以“利己主义”为工作的出发点，一切行为都是在权衡个人得失后作出的，很容易出现选择性执行、被动执行、低效执行等问题。追求利益的执行，必然导致公共资源的极大浪费，损害群众利益。所以，基层政府干部在任何时候都要时刻提醒自己所处的位置、所代表的利益团体，必须强化身份角色和站位。只有心里始终装着人民，以服务对象的需求和利益为出发点，才能满足服务型政府的基本要求。

3. 推卸责任

一些基层干部缺乏担当精神，害怕承担责任和风险，遇到问题和困难时推诿扯皮、逃避责任。有的干部在工作中不敢创新、不敢突破，习惯于按部就班、照抄照搬上级文件和以往经验，导致工作缺乏活力和创造力，难以适应新形势下的发展要求。在基层工作中，有些干部缺乏足够的责任心，遇到问题习惯性地推卸责任，还没有开始工作就强调困难，为不能完成任务找理由。例如，某乡镇存在一些小工厂违规排放污水废气的问题。当上级部门检查时，乡镇环保办公室干部将责任推给企业主，声称自己已经多次下达整改通知，但企业主不配合，他们也没有办法。而实际上，该环保办公室在日常监管中流于形式，没有真正采取有效措施督促企业整改。又如，在农村环境整治中，有的村干部把垃圾乱堆乱放的问题归咎于村民环保意识差，没有从自身管理和组织清理工作不到位方面找原因。

首先，推卸责任导致问题得不到解决。基层干部推卸责任会导致具体问题被搁置，无法得到及时有效的解决。例如，在环保问题上，如果各方都推卸责任，污染问题就会持续存在，对生态环境和居民健康造成严重影响。安全生产事故发生后，如果不明确责任并采取措施改进，类似的事故可能会再次发生。其次，损害政府公信力。基层干部的行为代表着政府的形象，推卸责任会让群众对政府产生不信任感。群众在遇到问题时，如果看到干部相互推诿，会觉得政府不作为，从而降低政府的公信力。这种行为也会影响上级政府对基层情况的判断和决策，因为基层干部没有如实反映问题和承担责任，上级政府可能无法制定出有效的政策和措施。最后，破坏工作氛围和团队合作。推卸责任会在干部队伍中形成不良风气，影响工作氛围。其他干部可能会效仿这种行为，导致大家都不愿意承担责任，工作效率低下，破坏团队合作。各部门之间、干部之间相互推诿，无法形成工作合力，影响整体工作的推进。例如，在一些综合性的工作任务中，需要多个部门协同配合，如果都推卸责任，任务就很难完成。

此外，一些基层政府缺乏大局意识，一味强调本地的特殊性，不能兼顾全局工作，只考虑本部门的利益得失，工作中我行我素，挑三拣四，不担当不负责；遇到群众急需解决的问题，不是考虑如何尽力做好本职工作，而是在利益得失中进行权衡，最终导致干部为了满足个人利益而牺牲群众的利益。

（四）法治观念

基层干部具备法治观念并做到依法执政是基层政府开展工作最基本的要求。所有的行政活动只有建立在“法”的基础上，才能确保公正、公平，维护国家和人民的利益免受侵害。法治是现代文明社会的重要标志，也是最低成本的治国方式，只有把法治观念作为干部履职尽责的行动自觉，才能高效地解决问题。法治观念深入人心，也需要全体社会成员形成对法治的信仰，敬畏法律、尊重法律，一切行为以法律为准绳，使法治观念成为深入人心的一种精神力量。具备法治观念就是要防止人治思维，防止肆意妄为，坚守底线，不逾越法律红线，自觉把法治观念贯穿于工作生活的全部，将法律准则熟记于心，做到令行禁止，善于用法律武器破解难题，增强基层社会治理的法治化水平。

目前，一些干部的法治观念缺乏，不善于运用法治思维推进工作；有的干部心中无法，无知无畏；有的干部以言代法，无法无天；有的干部以权压法，横行霸道。尤其是在基层治理中存在“一刀切”，工作方式简单粗暴，重大决策走形式走过场，不走法律程序。缺乏权力制约意识影响了执行的法治效率，有失公平，导致政府公信力缺失。在基层，尤其突出的是一些干部依法处理社会矛盾能力不强，缺乏依法维护社会稳定和应对突发事件的能力。例如，在处理征地拆迁问题时，有的干部没有与群众充分沟通，法治观念不强，工作经验也缺乏，就会强制运用行政命令执行，导致拆迁户与政府对立，激化群众和政府之间的矛盾，影响了政府的形象。法治思维属于认知的范畴，认知支配行为，因此法治思维的缺失，必然导致行为出现问题。因此，要提高基层政府执行的法治效力，必须掌握基层治理的相关法律知识，这样才能科学、合理、有效、公正地运用法治方式解决基层的复杂事务。

法律法规的健全和公共权力的规范是确保公共权力正常运行的基础。近年来，权力运行规范化问题得到了改善，但是由于受多种因素影响，权力运行仍存在不规范的问题。例如，公共权力过于集中，未能依法履行职责，以及行使了本不应该行使的权力等。此外，权力运行不公开不透明现象依然存在。虽然，多地也建立了党务公开、政务公开信息网，但是一些地方公开的只是权力运行的结果，并没有公开运行过程。过程公开从某种角度上看比结果公开更加重要，因为这是确保结果公正公平的前提。除此之外，还存在法治思维不足的问题。干部是全面依法治国的重要组织者、推动者和实践者，应具备法治思维和法治方法，运用法律知识分析和解决问题，促进深化改革、推动发展，化解矛盾。但是，一些干部法治思维不足，未能按照法律规则办事，例如，通过托关系、找门路的方式解决问题，扰乱了社会秩序，损害了群众的利益。

此外，在一些地方，行政监督“虚置化”也是行政权力滥用的重要原因之一，表现为内部监督和外部监督的“虚置化”。内部监督的问题是考核流于形式。例如，某些基层单位在对干部进行年度考核时，只是简单地让干部互相打分，或者按照固定的模板填写评价表，而没有真正对干部的工作表现、廉洁自律等情况进行深入考察。又如，一些基层干部在工作中存在敷衍塞责、不作为的情况，但在考核中却因为人缘好而获得较高分数，考核结果无法真实反映干部的实际表现。基层政府对于干部的述职述廉报告，审核不严格。部分干部的报告内容空洞、千篇一律，只是为了应付检查，而上级领导如果在审阅时也没有认真把关，将使述职述廉报告失去应有的监督作用。内部监督的问题还表现为一些基层干部缺乏自我监督意识，对自己的行为要求不高。例如，在执行公务过程中，不严格遵守工作纪律，随意迟到早退、脱岗串岗，但却没有自我反省和改正。对于一些违规行为，存在侥幸心理，认为不会被发现或查处。比如，在使用公款方面，不严格遵守财务制度，超标准报销费用，但没有主动进行自我约束。

外部监督的“虚置化”：一方面是群众监督渠道不畅。虽然很多地方设立了群众举报箱、举报电话等监督渠道，但在实际操作中，存在反馈不及时、处理不透明等问题。例如，群众举报某基层干部存在以权谋私的行为，但举报信息如石沉大海，没有得到任何回应，这使群众对监督失去信心，不愿意再进行举报。一些基层单位对群众的意见和建议不重视，没有建立有效的反馈机制。群众提出的合理建议得不到采纳，问题得不到解决，降低了群众参与监督的积极性。另一方面是媒体监督受限。在一些地区，基层政府对媒体的监督存在抵触情绪，不愿意接受媒体的曝光和批评。例如，一些媒体在报道基层问题时，因为顾及当地政府，不敢深入挖掘和曝光，使监督效果大打折扣。

政府被赋予的权力强大并不代表其能够为所欲为，权力只能够用来为人民谋福利。如果监督体系不健全，基层政府可能长期处于自我监督的状态，则社会公众、媒体、企业等也很难充分发挥他们的外部监督作用。权力是一把“双刃剑”，基层政府要树立正确的权力观，在履职尽责的时候要主动接受外部监督，自觉接受法律法规以及各项制度的约束，用好手中的权力，预防权力异化。

（五）内生动力

“政府人员有着追求利益‘政府经济人’的特性和倾向。一方面，‘政府经济人’追求利益的本能可成为提升政府执行力的动力；另一方面，‘政府经济人’不当的利益追求行动也会对政府执行力形成制约作用。"[1] 执行力是一种观念、一种责任，没有强烈的内生动力，就没有强大的执行力。执行力不是喊口号、不是敲锣打鼓做样子，没有内生动力，再完美的计划和宏伟蓝图都是镜中月、水中花。作为政府的工作人员，应有效落实上级部署的各项工作任务，全心全意为人民服务。作为国家公职人员的基层政府干部，要有"天下兴亡，匹夫有责"的责任担当，要有"时时放心不下"的责任意识，把党和国家的事业发展大任与自身的事业发展目标相结合，不能过于计较利益得失，尽心尽力做好本职工作，在事业发展中实现个人价值。

"在制度执行中还不同程度地存在着执行主体执行意愿不强、执行时效迟缓、执行精准度不高和执行绩效打折等问题。"[2] 部分基层干部的执行力问题不是能力缺失，而是态度不积极，存在思想上的惰性。一是安于现状，不思进取。有些基层干部工作时消极应付，得过且过，没有上进心，工作动力不足，不是想着把工作做好，而是只求完成任务；在日常工作中碌碌无为，不上心、不负责，对于领导布置的工作机械执行，不动脑不思考，抱着"事不关己，高高挂起"敷衍应付的态度。一些干部工作上没有更高的追求，只想吃大锅饭，不想出力，遇到困难绕道走，或者将矛盾上交，又或者推诿扯皮，对群众的诉求敷衍应付，能拖就拖。二是心浮气躁，急于求成。一些基层干部心态过于浮躁，对自身的工作状态不满，觉得自己是大材小用。因为基层的平台相对较低，一些学历稍高的年轻人，只是把基层当作平台，无法沉下心，扎根基层，踏实工作。例如，有的干部自以为

〔1〕 莫勇波：《论"政府经济人"及其对政府执行力的制约》，载《社会科学家》2008 年第 5 期。

〔2〕 刘子晨：《国家治理现代化视域下提升政府执行力的思考》，载《湖北社会科学》2019 年第 4 期。

是，目中无人，自认为读的书多就比别人优秀。实际上，对于基层干部来说，工作经验比学历更重要，踏实更关键，不切实际地高估自己的能力，是无法作出让人信服的和实实在在的成绩的。

基层干部在执行任务过程中难免遇到挫折和困难，要有不畏艰险的勇气和克服困难的信心，更要有坚持到底的毅力。工作从来不会一帆风顺，出现困难的时候也是考验个人能力素质的时候，如果一遇到困难就打退堂鼓，什么事情都做不好。要做好迎接各种风险挑战的准备，敢于啃硬骨头，接烫手山芋，以越挫越勇的心态和坚持不懈的韧劲面对一切艰难险阻。

执行力需要一定的危机意识，以激发内在的动力。有紧迫感的人时间观念比较强，面对即将执行的任务通常能够化压力为动力，铆足劲头向前冲，完成任务的质量也较高。一定程度的焦虑感能够激发潜能，未雨绸缪才能有效应对可能发生的困难，盲目自信可能会放慢脚步，最后延误工作。正如旷野中的狮子，只有不断地奔跑才有可能捕捉到更多的猎物，同样，猎物在面对狮子的威胁时，会激发其快速奔跑的潜能，才不会被狮子吃掉。所以，工作中一样不能满足现状，过于安逸，没有危机意识也就没有奋力奔跑的动力。华为集团的任正非曾说过，自创业以来他每天都有危机意识，思考如何面对失败。前进的道路上一定是有一个内在动力在推动着，对未来的担忧，对当下的不满，不断激发克服困难，提出解决问题的办法的能力。当然，凡事有个度，不能过度焦虑，茶不思饭不想，工作效率同样受到影响。在适度的危机意识下，要对未来充满信心，保持持续奋斗的姿态，这才是合理的应对方式。

（六）能力素质

基层政府的各项行政行为都离不开各种能力的提升和经验的积

累。特别是随着经济社会的发展，民众需求不断变化，知识更替加快、科学技术迅猛发展等都对基层干部提出了前所未有的要求。在新形势下，政府部门需要与时俱进，聚焦新任务，创新群众工作方法。但是，一些基层干部陷入了“老办法不管用，新办法不会用”的窘境。例如，在信息化的过程中，一些基层干部依然没能转变传统思维，重复劳动，机械劳动，工作效率低下。具体来说，基层干部的以下几种能力直接影响执行力的高低：

1. 专业能力

政府执行人员需要具备扎实的专业知识，涵盖政策法规、公共管理、经济、社会等多个领域。他们只有具备丰富的政策知识，准确理解乡村振兴战略的各项政策内涵，才能有效指导实践。例如，对于农村土地制度改革政策的熟悉程度，决定了基层干部能否正确处理土地流转纠纷。相反，专业能力不足的基层干部可能会在执行政策时出现偏差。同时，基层干部还应具备一定的专业技能，如在推动农村电商发展中，熟悉电商运营的干部需要指导农民开展线上销售。

2. 沟通协调能力

沟通协调能力强的基层干部能够有效地整合资源，推动工作顺利进行。例如，在社区建设中，基层干部需要与居民、企业、社会组织等各方进行沟通协调，争取他们的支持和参与。如果基层干部善于倾听各方意见，协调各方利益，就可以形成工作合力，共同推进社区建设。而沟通协调能力差的基层干部则可能导致工作受阻。比如，在项目建设中，需要多个部门协同配合，如果基层干部不能与其他部门进行有效的沟通协调，就可能出现推诿扯皮、进度缓慢等问题。

3. 决策能力

具备良好决策能力的基层干部能够在复杂情况下迅速作出正确

判断，提高执行力。例如，在应对突发事件时，基层干部需要迅速作出决策，采取有效的措施进行处置。如果基层干部能够冷静分析形势，果断作出决策，就可以最大限度地减少损失。但决策能力不足的基层干部可能会犹豫不决，错过最佳时机。比如，在面对自然灾害时，基层干部如果不及时作出决策组织群众转移，就可能导致人员伤亡和财产损失。

4. 创新能力

创新能力强的基层干部能够不断探索新的工作方法和模式，提高执行力。例如，在基层治理中，一些基层干部创新运用互联网、大数据等技术，建立智能化的管理平台，提高了工作效率和服务质量。而缺乏创新能力的基层干部则可能因循守旧，难以适应新的形势和任务。比如，在推动农村电商发展中，如果基层干部不能创新思路，积极引导农民利用电商平台销售农产品，就可能导致农村经济发展滞后。

5. 学习能力

学习能力强的基层干部能够不断更新知识和技能，提高执行力。部分基层干部执行能力不足的原因之一是学习不够，思考不够。当今社会快速变化发展，对基层干部也提出了较高的要求。此时，若基层干部依然秉持陈旧思维，认为读了几年书就可以应付所有工作任务，这显然是不现实的。在知识爆炸时代，只有与时俱进，勤学好问，不断弥补自身短板，树立终身学习理念，才能跟上时代的步伐。学习主动性不足是无法适应新形势下的艰巨任务的，尤其是在乡村振兴战略实施的过程中，由于缺乏可以参考借鉴的经验，基层干部只有不断地学习和思考，找出解决问题的新思路，才能避免“老办法不管用，新办法不会用”的窘境。

基层干部的学习能力直接影响其对公共政策的理解能力，进而影响基层政府执行力。如何完整、准确地领会相关政策的要求，把握政策的重点，找准方向，并及时准确地传达政策精神，通过恰当的方式推动基层干部落实到位，是对领导干部能力素质的多重考验。在分析政策的过程中，需要把政府管理过程中的问题标准化、具体化、数量化，把一些常规例行的任务用一定的方式固定下来，形成可以复制的执行经验，方便日后实施。当然，固有的方式不代表未来只能照搬照套，流程的稳定是相对的、暂时的，不能用固化的思维解决所有的问题，遇到非常规的情况要有随机应变的能力，在工作遇到瓶颈期的时候能够灵活思辨，用创新的方式方法解决新矛盾。因此，在政府执行过程中，基层干部的理解能力、经验方法、应变能力都很重要。

（七）执行习惯

执行人员应秉持公正、廉洁、敬业的职业道德。具有高度责任感的政府工作人员会积极主动地完成任务，确保政策目标实现。积极主动、认真负责的工作态度是基层干部有效执行任务的关键。有强烈责任心的干部会积极寻找乡村振兴的机遇，主动解决问题；而工作态度不积极，就表现为执行中的一些不良习惯。

1. 遇事拖拖拉拉

“兵贵神速”，工作中有些人习惯性地拖延，遇事总是能拖就拖，不到最后一刻不动手，非得等到临近截止日才急急忙忙处理，影响工作质量，甚至根本完不成任务。拖延的原因：一是长期形成的不良习惯，存在惰性，对于一些工作任务不愿意立即处理，能偷懒就偷懒，有时还可能抱有规避责任的侥幸心理。二是工作任务本身比较艰巨，难度较大，执行者深感不易，看不到希望，对自身处理好问题信心不足，容易产生畏难情绪，所以迟迟不愿意动手处理。三是一部分人过分追求完美，希望找到一个完美的解决方案，但是多数工作是没有办法一开始就有完美方案的，需要一边做一边修正，过分追求完美，最后可能就贻误了时机。所以，工作上要养成尽早行动的习惯，同时，不要放大困难和过度焦虑，要想办法解决问题，不要过度追求完美，只要有初步的想法就可以着手行动。

2. 没有思考，急于行动

执行常强调“趁早”“尽快”，但是不意味着没有想清楚就鲁莽行事。很多事情都不是光靠蛮力和苦力解决的，更需要用到巧劲。“巧劲”不会自己突然出现，需要通过不断学习、实践和总结思考获得。“磨刀不误砍柴工”，不要吝啬思考的时间，尤其在处理棘手的事情的时候，如果过于着急，不加以思考就着手处理，有可能做到一半就做不下去。因为思路没有梳理清楚，在某些环节就卡壳了，甚至有时候做到最后才发现，由于此前缺乏充分的思考，没有抓住问题的要害，导致南辕北辙。此时若要从头处理，不仅浪费了宝贵的时间、资源和精力，更影响了工作的进度，得不偿失。因此，在着手处理任务之前就应花些时间和精力去思考，找到问题的关键点，理清思路再开始行动，这样就可以达到事半功倍的效果。

3. 被动执行，缺乏担当精神

有些干部做事不思考也不主动，工作中需要上级来推动，自己没有主动担当的精神，表现为执行过程推一推动一动，不推就不动。有的干部还习惯性地找借口，遇事推诿扯皮，这种工作习惯一旦形成，就必然影响执行力。被动执行就是对工作不用心，缺乏主人翁意识，遇到问题不主动担责，甚至逃避责任。例如，在农村人居环境整治工作中，有责任心的干部会深入村庄，挨家挨户宣传环保知识，积极组织村民开展卫生清扫活动，而不是敷衍了事。遇到问题找借口是容易的，承担责任是要勇气的，如果所有人工作中都很被动，互相推卸责任，最后党的形象受损，群众有意见。例如，某社区内一家小型加工厂发生火灾，社区干部在事后调查中强调是企业自身安全管理不善，没有配备足够的消防设备导致的，而忽视了社区在日常安全检查和宣传教育方面的责任。事实上，社区很长时间没有对该加工厂进行过认真的安全隐患排查，也没有组织过消防安全培训。又如，一些基层的安监部门干部在检查企业安全生产时，发现问题后只是简单地开出整改通知书，后续不再跟进督促。如果企业没有按时整改导致事故发生，他们就把责任全部推给企业，说企业不重视安全。

习惯找借口的人，遇到问题不是反思和承认自己的问题，而是归因于外界，工作上一旦出现状况，不是领导的问题就是同事的问题，或者抱怨时间紧、任务重等。这种人缺乏反思的习惯，很难发现自身的问题。找借口推卸责任不仅不利于个人成长进步，还会伤及无辜。积极主动的心态就要有担当的精神，担当是一种主动的心态，是勇敢负责的态度。基层政府肩负群众的殷切期盼，执行上级政府的各项任务，离不开担当负责的态度。

4. 不主动学习，安于现状

随着时代的发展，知识以前所未有的速度更替，这个时候如果不学习，就跟不上时代的步伐。尤其是群众对基层政府工作的要求日益提高，基层干部只有与时俱进，强化学习，才能应对日益复杂的工作要求。有些基层干部工作上敷衍应付，执行任务简单粗暴。若思想上还是停留在过去，认为读书几年就够用一辈子，很快就会被社会淘汰。例如，随着法律法规的不断完善和政策的调整，基层干部只有及时学习新的知识，才能正确领会新精神和有效执行政策。习近平总书记指出，“领导干部加强学习，根本目的是增强工作本领、提高解决实际问题的水平……做到干中学、学中干，学以致用、用以促学、学用相长。”[1] 因此，基层干部必须加强学习主动性，补齐短板，减少本领恐慌。比如，在大数据和人工智能迅速发展的趋势下，基层干部只有加强学习，及时掌握新的信息技术，才能更好地适应新时期、新任务、新要求。

在服务群众的过程中，一些干部由于本领缺乏，难以解决群众的诉求。一些干部把没有时间作为不读书不学习的借口。时间从来都是安排出来的，没有时间的实质是没有重视，只要重视了总有时间。学习对于当今的干部来说就是最重要的任务之一，不管是解决群众的问题，还是从个人成长发展的角度，都需要与时俱进提升自我。理论学习和实践经验需要结合，不能就理论讲理论，空洞的理论是纸上谈兵，要在知行合一中实现理论和实践的统一，达到解决实际问题的目的。

二、执行机制：基层政府执行力的保障要素

基层政府执行力既受干部个人主观因素的影响，也受基层政府组织激励机制不完善、绩效考核机制不科学、监督机制不健全、政策制定不科学等客观因素的影响。这些抑制了基层干部的工作积极性。

（一）激励机制

激励机制是影响干部工作积极性的重要因素，但是当前基层政府激励机制还不完善。

---

[1] 《习近平谈治国理政》（第1卷），外文出版社2018年版，第406页。

1. 物质激励不足

其一，与其他行业相比，基层工作任务繁重，但是基层政府工作人员的薪酬水平相对较低，且增长机制不够灵活。特别是在一些经济欠发达地区，基层政府工作人员的薪酬待遇难以满足他们的生活需求，难以有效激励其工作积极性。其二，薪酬调整机制不健全。基层政府工作人员的薪酬调整主要依据国家政策和地方财政状况。由于国家政策和地方财政状况不确定，基层政府工作人员的薪酬调整机制不健全，薪酬调整的频率和幅度难以满足他们的期望。其三，除基本薪资外，基层政府人员在津贴补贴、保险福利等方面也存在不足，调研过程中发现一些地区基层干部的加班补贴、偏远地区工作补贴等无法及时落实到位，极大地影响了基层干部的工作热情。其四，激励方式单一。目前的物质激励主要依赖工资奖金等传统物质激励手段，缺乏多元化的激励方式，如绩效奖金差异化分配等在基层政府应用较少。而且，奖励的范围较小，过多注重结果奖励，而对日常表现较好的对象缺乏应有的激励。

2. 精神激励方式有待加强

当前对基层政府工作人员的表彰奖励力度不够，荣誉称号的含金量和影响力有限，激励形式还不够丰富，难以激发其成就感和自豪感。一些地方的评先评优存在名额限制、标准不明确等问题，导致部分优秀人员无法得到应有的认可。激励制度的公正性是第一位的，必须确保真抓实干、吃苦耐劳的干部得到褒奖，不能让干部既流汗又流泪，要增强干部的认同感，激发其持续奋斗的工作动力。基层工作压力大，部分基层政府对工作人员的心理疏导、情感关怀等方面重视不够，导致其工作幸福感较低，容易产生职业倦怠。如何更好地平衡物质激励和精神激励，更加有针对性地进行个性化的奖励，还有待探索。还要注意激励的时效性，一些奖励多放在年终进行，甚至是第二年，但是激励是需要及时兑现的，时间间隔久了就会弱化激励的效果，影响干部的积极性。

3. 晋升制度有待完善

一是晋升渠道狭窄。目前，基层政府工作人员的晋升主要依据工作年限、学历、考核成绩等因素。由于晋升渠道狭窄，基层政府工作人员的晋升机会有限，影响了他们的工作积极性和创造力。二是晋升标准不明确，基层政府工作人员的晋升缺乏明确的晋升标准和程序。这种晋升标准不明确容易导致晋升过程中的不公平和不公正，影响了基层政府工作人员的工作积极性和责任感。三是晋升周期较长。基层政府工作人员的晋升周期较长，一般需要工作多年才能获得晋升机会。如一些地方论资排辈现象严重，年轻干部晋升困难等问题十分严峻。这种晋升周期较长容易导致基层政府工作人员的工作积极性和创造力受到抑制，影响基层政府的工作绩效。

（二）绩效考核

当前，基层政府绩效考核的主体有上级政府部门、本级政府领导和第三方机构，各自有优缺点。

1. 上级政府部门是基层政府绩效考核的主要主体之一

上级政府通常会制定考核指标体系，对基层政府的工作进行全面评估。这种考核方式具有权威性和专业性，但也可能受到信息不对称和主观因素的影响。其优点是上级政府部门对政策目标和工作重点有较为清晰的把握，能够从宏观层面评估基层政府的工作成效。同时，上级政府部门考核具有一定的强制力，能够促使基层政府积极落实上级政策。缺点是上级政府可能距离基层较远，对实际情况了解不够深入，导致考核结果与基层实际工作存在偏差。此外，上级考核可能过于注重结果指标，而忽视了基层工作的过程和困难。

2. 本级政府领导也参与基层政府绩效考核

本级政府领导对本地区的发展战略和工作重点有更深入的了解，能够结合实际情况对基层政府部门和工作人员进行评价。其优点是本级政府领导能够更直接地观察到基层工作的进展和问题，评价更具针对性。他们的考核意见可以及时反馈给基层，促进工作改进。缺点是可能存在主观因素的影响，如个人偏好、人际关系等，导致考核结果不够客观公正。

3. 引入第三方机构参与基层政府绩效考核

第三方机构通常具有专业的评估能力和独立性，能够提供客观、公正的考核结果。优点是第三方机构不受政府内部关系的影响，能够以中立的立场进行评估，提高考核结果的可信度。他们还可以运用专业的评估方法和技术，提供更全面、深入的分析。同样，也有缺点，第三方机构对基层实际情况的了解可能有限，需要花费一定的时间和成本进行调研。此外，其考核结果的权威性和认可度也可能受到质疑。

当前对基层政府的绩效考核主要存在四个方面的问题。

1. 考核指标设置不合理

一是有的考核指标设置过于注重形式和数量，忽视工作质量和实际效果，导致基层政府工作人员为了完成考核指标而采取应付了事的态度。如一些地方将文件数量、会议次数等作为考核指标，忽视了政策的落实情况和群众的满意度。二是有的地方的考核指标过多过细，基层政府疲于应对，无法集中精力做好重点工作。三是部分考核指标缺乏科学性和可操作性，难以准确衡量工作成效。四是有的地方的考核指标权重分配不合理，导致基层政府在工作中出现偏差。

2. 考核过程不规范

一是多采用定性考核方法，缺乏定量分析，考核结果主观性强，难以准确反映基层政府工作人员的工作表现。二是考核过程中缺乏群众参与，无法充分了解基层政府工作人员的实际工作情况。三是考核程序不够严格，存在一定的随意性和主观性。四是考核数据收集不全面、不准确，以及对于考核过程中可能存在舞弊行为缺乏有效的考核监督机制，影响考核结果的真实性。

3. 考核结果运用不充分

一是一些地方的考核结果与奖惩措施结合不紧密，存在“干多干少一个样、干好干坏一个样”的现象，无法有效发挥考核的激励作用。如一些地方的考核结果优秀与称职的人员在薪酬待遇、晋升等方面差异不大。二是一些地方对考核结果的分析和反馈不足，基层政府难以从考核中汲取经验教训，改进工作。三是一些地方的考核结果的公开度和透明度不够，社会公众无法有效监督基层政府的工作。

4. 存在应对考核的不良现象

为了应对考核，基层政府可能会采取一些形式主义的做法，如突击完成任务、虚报数据等，而不是真正致力于提高工作质量和成效。由于考核注重短期绩效，基层政府可能会忽视长期发展规划，而采取一些短期行为来获取好的考核成绩。多数基层政府的绩效考核与实际收入挂钩不密切，绩效评估流于形式。

当前的激励考核机制可能存在重形式、轻实效，重短期、轻长远等问题，导致基层干部为了追求考核指标和政绩，而忽视政策执行的实际效果，甚至出现一些弄虚作假的行为。一些地方吃“大锅饭”“做多做少一个样”的问题依然存在，或者差别甚微。还有干部担心

“做多错多”，在这样的制度环境下，很多干部在权衡个人得失后容易作出“只要不出事，宁可不干事”的选择，最终影响基层政府的执行力。

此外，痕迹管理本是考核的重要手段和工具，是为了更好地监督工作的一种方式，但是监督考核只看“痕迹”，不问“实绩”，容易导致一些基层干部为迎合痕迹管理的需要，也为了赢得认可，过度“留痕”，有的把说的当成做的，把规划当成现实，把台账当成实绩，慢慢形成了“痕迹主义”的问题。这种现象的发生，与干部自身工作本领缺失和急功近利有关，更与上级考核的导向和方式有直接关系。

绩效考核科学与否影响干部的职业发展和行为方式。政府干部执行不力的问题与绩效考核方式密切相关。人具有趋利避害的本能，在绩效考核时会在利弊权衡中作出符合自身利益的行为。若绩效考核科学合理，干部行为也就有利于地方经济发展和人民群众的利益，否则可能背道而驰。

（三）监督机制

习近平总书记指出：“加强对干部的监督，是对干部的爱护。放弃了这方面责任，就是对党和人民、对干部的极大不负责任。”[1] 强化对干部的日常监督，既是对干部的提醒、警示，也是对干部的爱护和激励。政府干部执行力的提升既需要科学的激励机制，同时也需要一定的监督机制。虽然当前有各种法规条例对干部的行为作出一定的约束，但是，有些监督不合理、不科学。比如：有的惩戒力度不

[1] 习近平：《依纪依法严惩腐败，着力解决群众反映强烈的突出问题》，载中共中央文献研究室编：《十八大以来重要文献选编》（上），中央文献出版社 2014 年版，第 138 页。

够，对干部不能形成有效的震慑作用；有的问责过于频繁，降低了问责的威慑力；有的容错内容不明确，束缚了干部干事创业的手脚。必须准确把握容错的界限，对违纪违法行为采取零容忍态度，防止把容错当成逃避责任的保护伞，要确保容错在纪律红线内进行。政策执行过程涉及多层级的政府，中间层级的政府，不仅是基层政府的委托人，也是中央政府的代理人，其治理任务必须依靠基层政府来实现。此时，要防止基层政府因滥用自由裁量权，而弱化执行力。

基层政府的监督机制包括内部监督机制和外部监督机制。内部监督机制包括上级监督、监察监督和内部审计监督。其一，上级监督。上级政府通过定期检查、专项督查、绩效考核等方式，对基层政府的政策执行情况进行监督。例如，上级政府部门可制定明确的工作目标和考核指标，要求基层政府按时汇报工作进展和完成情况，对未达标的进行督促整改，以保证政策的有效落实。其二，监察监督。监察部门对基层政府工作人员的履职行为进行监督，重点监察其是否存在违法违纪、滥用职权、失职渎职等行为，对发现的问题及时查处，严肃问责，促使基层政府工作人员依法依规执行政策。其三，内部审计监督。通过对基层政府财政资金的使用、项目实施等情况进行审计，检查其是否存在资金浪费、挪用、贪污等问题，保障财政资金的安全和合理使用，提高资金使用效益，推动政策执行的规范化。

外部监督机制包括人大监督、政协监督、司法监督和社会监督。其一，人大监督。人大作为权力机关，通过听取和审议基层政府工作报告、开展执法检查、组织代表视察等方式，对基层政府的工作进行监督，确保其执行的政策符合法律法规和人民的利益，督促基层政府改进工作，提高执行力。其二，政协监督。政协委员通过提案、建议、民主评议等方式，对基层政府的政策执行情况进行监督，提出意见和建议，促进基层政府科学决策、民主决策，提高政策执行的质量和效果。其三，司法监督。司法机关通过行政诉讼等方式，对基层政府的行政行为进行合法性审查，监督其是否依法行使职权，纠正违法行政行为，维护公民、法人和其他组织的合法权益，保障政策执行的合法性和公正性。其四，社会监督。社会监督又包括公众监督和舆论监督。鼓励公众通过举报、投诉、信访等途径，对基层政府的不当行为和政策执行中的问题进行监督。基层政府应建立健全公众举报机制，及时处理公众的投诉和建议，增强政府工作的透明度和公信力。此外，媒体通过新闻报道、舆论评论等方式，对基层政府的工作进行监督，曝光政策执行中的问题和不良现象，引起社会关注，促使基层政府及时解决问题，改进工作作风，提高执行力。

（四）政策制定

政策制定的科学性与否直接影响基层政府的执行力，在实际工作中，由于一些政策存在不稳定性，让基层政府无所适从。还有些政策在制定之前缺乏对基层实际的充分调研和了解，没有获得基层群众的充分认同，政策目标要求脱离实际，好高骛远，导致政策推行过程中遇到较大的阻碍。政府组织，是公共管理主体，其政策应符合公共利益的需求。

1. 政策本身的质量

部分政策不够科学合理，存在目标不明确、内容不具体、可操作性不强等问题，给基层政府的执行带来困难。第一，任何基层政策一定不能是“拍脑袋”决策的产物，否则不仅无法顺畅地推行，还可能引起基层群众强烈的反对。在政策出台前，必须充分考虑基层群众的实际需求，前期做好详细的基层调研和可行性分析，并多听取各方群众的心声，只有获得多数群众认可的政策才能确保政策有效落实，否则再理想化的政策也只能停留在想象中。如果强行推行，可能引起群众的反感，影响政府的形象和威信。第二，政策制定要兼顾现有资源的可获得性，以及公共效益获得以及实现的可能性，并遵循“尽力而为”和“量力而行”的准则。有些政策看似各条件都具备，但是实施成本过高，会极大增加基层政府执行的压力，最终得不偿失。第三，完善政策的配套措施。一些政策缺乏相应的配套措施，如资金支持、技术指导、人员培训等，使基层政府在执行过程中面临重重困难，无法有效推进政策实施。

2. 政策的稳定性与连贯性

保持政策的稳定性和连续性，有助于基层政府一以贯之开展各项工作。否则，政策的频繁变动或前后不一致，会让基层政府无所适从，需要花费大量时间和精力去适应新政策、调整执行方案，增加执行成本和难度。比如，土地流转政策若经常改变，会导致基层在推进规模化农业经营时畏手畏脚。如果政策模糊，基层政府在执行过程中就容易出现理解偏差和执行方向不明确的情况。例如，产业扶持政策中对于新兴农业产业的补贴范围和标准界定不清楚，基层政府很难有效筛选出符合要求的企业和项目进行支持。

公共政策的出台主要是为了推动经济社会发展，为群众创造良好的生活条件。地方政策和国家政策需要保持一致，国家大形势变化，地方政策要及时跟进更新，地方政府不能抛开国家大势出台脱离实际的政策。朝令夕改的政府政策常常令群众不知所措，如果确有需要对相关政策进行调整，也要向基层政府和群众充分地解释和说明，并且给予基层更多时间去适应新的政策。必要的时候，还可以根据实际情况给基层政府实行新旧政策的选择权力。

3. 政策与基层实际脱节

在基层治理实践中，政策与基层实际脱节的问题时有发生，给基层政府执行力带来诸多负面影响。基层资源错配现象时有发生。例如，一些在城市规划中成效显著的大型商业综合体建设政策，被机械照搬到偏远乡镇。乡镇人口外流、消费力不足，土地、资金等资源投入后，项目难以为继，大量资源闲置浪费，基层政府忙于“擦屁股”，无暇顾及契合本地需求的产业培育，执行陷入僵局。再者，由于群众接受度低，不能很快适应政策调整。例如，部分环保政策要求农村全面禁用土灶，却未考量当地冬季取暖、传统生活习惯等现实。村民不理解、不配合，基层干部在执行时需耗费大量精力解释劝说，甚至引发干群矛盾，执行进度缓慢，还损害政府公信力，后续工作越发艰难。

从执行人员角度看，脱节政策让其无所适从。如新兴产业扶持政策，未结合基层人才储备不足、配套设施简陋的实情，基层干部不清楚如何落地，培训指导又不到位，只能盲目摸索，执行效果大打折扣。要破解这一困境，政策制定需强化基层调研，吸纳一线声音；建立政策试点反馈机制，依据基层实践及时调整优化；加强上下沟通，让基层执行者深度参与政策研讨，确保政策“接地气”，为基层政府执行力解绑，推动基层蓬勃发展。

三、执行环境：基层政府执行力的支持要素

基层政府执行力深受所处各类环境影响。在政治环境层面，清正廉洁之风可保政策落实不偏不倚，经济环境为基层政府落实项目提供坚实后盾，和谐稳定的社会环境是执行的“助推器”，法治环境更

是基石。唯有协同优化，基层方能高效作为。

（一）政治环境

政治环境作为笼罩在基层政府周围的“气场”，从多个维度深刻影响着执行力。

1. 清正廉洁、风清气正的政治风气营造出积极的执行氛围

当上级部门严守廉洁底线，杜绝“吃拿卡要”，基层干部便能心无旁骛地投入工作。以扶贫项目执行而言，在廉洁政治环境影响下，专项资金流向精准，基层干部全力为贫困地区修路、建学校、推广产业，不用担心资金被截留挪用，项目推进顺畅高效，切实提升了执行力，让贫困群众快速受益。反之，若贪腐之风滋生，基层执行者为求自保或分一杯羹，必然在执行中偷工减料、敷衍塞责。

2. 稳定且连贯的政策环境是基层执行力的坚实依靠

政策如航线，连贯稳定才能指引基层稳步前行。比如国家长期推行义务教育均衡发展政策，基层政府依据这一持续强化的导向，逐年加大对薄弱学校的投入，师资调配、硬件改善有序开展，执行力在持续推进中有条不紊地提升。倘若政策频繁变动，基层刚按旧规布局教育资源，新规又至，前期投入作废，执行者迷茫无措，只能消极怠工，执行力大打折扣。

3. 民主的政治参与环境为基层执行力注入活力

广泛吸纳民众意见的决策过程，让基层政府执行时“底气十足”。例如，在老旧小区改造中，基层政府通过召开居民大会、网络问卷等收集民意，将增设无障碍设施、优化停车位等需求融入改造方案。居民因自身诉求被重视，主动配合施工，减少执行阻碍；同时，民众监督权利的落实，促使基层人员规范履职，不敢懈怠，提升执行

精准度。

不良政治生态会严重掣肘基层执行力。官僚主义作风下，烦琐的会议、层层加码的考核让基层干部困于“文山会海”，无暇深入群众、落实任务，执行沦为走过场。例如，个别上级部门要求基层每日上报各类报表，形式大于内容，消耗大量人力物力，真正关乎民生的执行事务却被搁置。为优化政治环境，助力基层执行力提升，应强化顶层设计，构建科学政策体系，确保政策连贯稳定；深化廉政建设，肃清贪腐余孽；拓宽民主渠道，让民众深度参与治理。唯有如此，基层政府执行力才能冲破藩篱，在服务群众、推动发展征程中健步如飞，为国家发展夯实根基。因此，政治环境与基层政府执行力唇齿相依，打造良性政治环境，是基层政府高效执行、为民谋福的必由之路。

（二）经济环境

1. 经济发展水平的影响

经济发展水平直接影响基层政府的资源配置和执行能力。经济发达地区通常拥有更多的财政资源和物质基础，能够为基层政府执行政策提供更好的条件。例如，在教育、医疗、社会保障等方面，经济发达地区的基层政府可以投入更多的资金，提高公共服务水平。地方经济发展水平高，财政收入充裕，基层政府在执行各项政策和任务时就有更充足的资金支持。例如，在基础设施建设方面，经济发达地区的基层政府能够投入更多资金用于道路、桥梁、水电等设施的改善，提高地区的发展潜力和居民生活质量。相反，地方经济落后、财政紧张时，基层政府可能面临资金短缺的困境，导致一些重要政策的执行难以推进。比如，在教育、医疗等公共服务领域的投入可能不足，影响服务质量和覆盖范围。经济发展也会带来新的问题和挑战，对基层政府执行力提出更高要求。例如，随着经济的快速发展，环境污染、交通拥堵等问题日益突出，基层政府需要采取有效措施加以解决。

2. 产业结构的影响

不同的产业结构对基层政府执行力的影响也不同。具体来说，地方经济产业结构多元化的地区，基层政府在执行经济发展政策时具有更多的选择和灵活性。不同产业之间可以相互支撑和促进，降低经济风险，也为政府提供了更多的政策执行切入点。例如，既有制造业又有服务业和农业的地区，政府可以根据不同产业的特点制定有针对性的扶持政策，推动产业升级和创新。产业结构单一的地方经济环境可能使基层政府执行力受到限制。一旦主导产业出现问题，整个地区经济将面临巨大压力，政府在执行经济调整和转型政策时难度也较大。比如，以资源型产业为主的地区，在资源枯竭或市场价格波动时，政府需要投入大量精力进行产业转型，但由于缺乏其他产业基础，执行起来困难重重。

地方积极发展新兴产业，会为基层政府执行力带来新的机遇和挑战。新兴产业通常具有较高的技术含量和创新能力，能够吸引人才和投资，推动地区经济快速发展。基层政府需要积极适应新的经济形势，制定相应的政策和措施，支持新兴产业的发展，这对政府的决策能力和执行效率提出了更高要求。若地方经济对新兴产业的重视不足或发展缓慢，基层政府可能在推动经济创新和转型升级方面缺乏动力和手段，执行力也会受到影响。以农业为主的地区，基层政府可能需要更多地关注农业发展、农民增收等问题；以工业为主的地区，基层政府则需要注重产业升级、环境保护等方面的工作。例如，在工业发达地区，基层政府需要加强对企业的监管，推动企业转型升级，实现可持续发展。产业结构的调整也会影响基层政府的执行重点。随着产业结构的优化升级，基层政府需要及时调整政策导向，为新兴产业的发展提供支持。

3. 市场环境的影响

良好的市场环境有助于基层政府推动经济发展和政策执行。公平竞争的市场秩序、健全的市场机制能够激发企业的活力和创造力，促进经济增长。基层政府通过维护市场环境、提供公共服务等方式，为企业发展创造有利条件。例如，加强知识产权保护、打击假冒伪劣商品等，能够提高企业的创新积极性，推动经济发展。市场需求的变化也会影响基层政府的执行策略。基层政府需要根据市场需求的变化，及时调整产业政策和公共服务供给，满足民众和企业的需求。

4. 就业与民生的影响

地方经济发展良好，就业机会充足，居民收入稳定，基层政府在执行社会稳定和民生保障政策时压力相对较小。同时，良好的就业环境也有助于提高居民的满意度和对政府的信任度，增强政府的执行力。高失业率的地方经济环境会给基层政府带来很大压力，政府需要投入更多的资源和精力来解决就业问题，可能会影响其他政策的执行效果。地方经济繁荣可以为基层政府提供更多的资源来满足居民的教育、医疗、社会保障等民生需求；政府能够更好地执行民生政策，提高居民的生活质量，增强政府的公信力和执行力。经济困难地区可能难以满足居民的基本民生需求，导致居民对政府不满，影响政府执行力。

综上所述，地方经济环境对基层政府执行力有着重要的影响。基层政府应积极适应地方经济环境的变化，采取有效措施推动经济发展，提高财政收入，优化产业结构，改善投资环境，促进民生发展和就业，以增强自身的执行力，更好地为人民服务。

（三）社会环境

1. 群众的文化素质影响基层政府执行力

基层政府执行各项公共政策的主要目的就是服务广大基层群众，相对而言，越是基层，群众受地域限制及传统思想的影响越大，整体文化素质水平偏低，对政府公共政策的理解能力较低，参与政策执行的意识也较薄弱。尤其是有些政策与群众利益的直接关系较弱，群众往往容易产生“事不关己高高挂起”的态度。当政府相关政策与群众意愿相背离时，有些群众不仅不会支持，还有可能百般阻挠，成为政府公共政策执行的巨大障碍。近年来，基层政府也十分注重公众政策执行的教育与宣传，并取得了一定的成效。但是，部分群众思想觉悟相对落后，态度消极，对政府出台的政策不理解不支持，阻碍了一些政策的执行。

2. 基层政府公信力影响执行力

根据塔西佗陷阱理论，人们过去的印象对现在的评价产生深刻的影响。受旧的官本位思想的影响，一部分群众认为政府与社会公众地位是不平等的。这种刻板印象，深刻影响着群众对当代政府官员的评价，这些根深蒂固的印象都是对官员的负面评价，要扭转这样的评价确实不易。在社会治理中，虽然推崇更多的公众参与到政府评价机制中，但事实上，多数公众缺乏参与政府评价工作的机会，这也成为政府公信力提高的绊脚石。公共治理强调的是合作，需要公众适应新时代的要求，更加主动参与政府的治理。同时，这也要求政府更高效地做好本职工作，从而转变人们在传统观念中存在的对政府的一些不良印象。

3. 时代环境变化影响基层政府的执行力

在经济制度转变、社会形态演化、经济环境利益复杂化、社会意识形态多元化等因素影响下，不同的利益集团有各自的关注重点，而政府也无法满足所有个体的需求，这加深了其与民众之间的隔阂。一是经济全球化带来的挑战。在经济全球化的发展趋势下，我们必须顺应历史，加快推进战略调整，发展中国经济。同时要注意意识形态领域的影响，防止西方意识形态对我国的渗透，必须坚定马克思主义理想信念。二是社会阶层多元化带来的挑战。社会转型期，多元的社会阶层结构要求在价值多元中达成价值共识，确立普遍认可的核心价值观。这就要求消除不同民族间、城乡间、区域间的分歧和隔阂，增强民众的归属感和凝聚力，促进全社会的团结和稳定。

4. 群众认知水平与舆论环境共同影响基层政府执行力

基层政府往往以上级要求为目标，容易忽视基层群众的需求，导致政策执行成本高、阻碍大、效果差。最后还会引起基层群众的不满，甚至对基层政府工作人员的能力产生怀疑。因此，把公众作为重要的政策执行参与者，充分调动公众的积极性尤为重要。信息时代的自媒体正活跃在社会各领域，网络舆论对政府公信力的影响不可忽视。自媒体能快速传播新闻和社会热点，极少数人会通过自媒体去煽动网民情绪，如果群众文化素质不高，认知水平低，缺乏独立思考的能力，就容易受到错误的价值观误导，产生从众行为，当舆论偏向否认政府制定的政策或执政行为的时候，网民无法判断是非曲直，就会对政府作出不客观、不公正的评价。如果群众因为错误舆论误导而对政府产生误解，就会大大降低基层政府的公信力，进而影响政府的执行力。

（四）文化环境

一方面，乡土文化对基层政府执行力有积极影响。

（1）乡土文化有助于增强民众的凝聚力和对基层政府的认同感。乡土文化中的家族观念、邻里互助等传统价值观，能够促进基层民众之间的团结和协作。这种凝聚力可以延伸到对基层政府的支持上，使民众更愿意配合政府的工作，从而增强基层政府的执行力。例如，在一些乡村地区，家族长辈的威望较高，他们可以号召家族成员积极响应政府的号召，参与乡村建设、环境整治等工作。乡土文化中的地方特色和历史传承，能够激发民众对家乡的认同感和自豪感。当基层政府的工作与保护和弘扬乡土文化相结合时，民众会更有动力参与其中，为家乡的发展贡献力量。比如，一些地方开展传统民俗文化活动，基层政府积极组织和推广，不仅丰富了民众的文化生活，也提高了政府在民众中的形象和公信力，进而提升了执行力。

（2）乡土文化为基层政府提供道德约束和行为规范。乡土文化中的道德规范，如诚实守信、尊老爱幼、勤劳善良等，对基层民众的行为具有一定的约束作用。这些道德规范与基层政府倡导的价值观相契合，能够促进社会秩序的稳定，为基层政府执行政策提供良好的社会环境。例如，在一些乡村，村民自觉遵守村规民约，诚实守信经营，不违法乱纪，这使得基层政府在促进经济发展、维护社会治安时更加顺利。

（3）乡土文化促进政府与民众之间的沟通与协调。乡土文化中的人际交往方式和沟通模式，有助于基层政府与民众之间的沟通与协调。在乡村地区，人们通常通过面对面交流、家族聚会等方式进行沟通，这种沟通方式更加直接和有效。基层政府工作人员可以利用这些乡土文化特点，深入民众中间，了解他们的需求和意见，及时解决问题，提高政府执行力。例如，基层干部在走访农户时，可以采用拉家常的方式，与民众建立良好的关系，更好地传达政府政策，收集民众的反馈。乡土文化中的民间组织和社团，如庙会组织、宗族理事会等，也可以在基层政府与民众之间起到桥梁和纽带作用。这些组织和社团通常由当地有威望的人士组成，他们了解当地情况，能够代表民众的利益和诉求。基层政府可以与这些民间组织合作，共同推动乡村发展，提高政府执行力。

另一方面，在基层政府工作中，乡土文化也会产生消极影响。尤其是在广大农村，“人情”更影响行政活动的执行。受“面子文化”的影响，一些基层政府工作人员有时无法做到秉公办事，容易感情用事，碍于面子，作出违背良心、规则的选择，导致执行走样。受地域范围影响，基层政府干部多数和当地村民有着千丝万缕的关系，不是亲戚就是亲戚的朋友，在履职过程中难免对一些熟人给予便利，厚此薄彼，甚至是特殊照顾，导致政策执行出现不公。为了维护自身利益，也为了维护亲朋好友的利益和关系，一些干部可能以权谋私，进行利益交换，在赢得自身利益的同时获得亲人、朋友等熟人的认可。所以，一些政策在基层执行的时候会出现偏差，损失部分人的利益以满足另外一些人的利益，自然有悖于执行公正公开的原则。

（五）法治环境

法治环境对基层政府执行力既有积极影响也有消极影响。从积极影响看，良好的法治环境对基层政府执行力的作用主要体现在以下几个方面：

（1）提供明确的行为准则。完善的基层法治环境，能够为基层政府的行政行为提供清晰明确的规范和依据。基层政府在执行政策、处理事务时，可依据法律法规明确知道什么可以做、什么不可以做，从而减少决策的随意性和盲目性，提高行政决策的科学性和准确性，确保政策执行的方向正确。

（2）增强决策的公信力。在良好的基层法治环境下，基层政府的决策过程更加透明、公正、合法，公众对政府决策的信任度会相应提高，也会更愿意积极配合政府的工作，这样会减少执行过程中的阻力。例如，在土地征收、拆迁等涉及群众切身利益的工作中，如果严格按照法定程序进行，保障群众的合法权益，群众就会更支持政府的决策，使相关工作能够顺利推进。

（3）提高行政效率。明确的法律规定和规范的工作流程，能够避免基层政府部门之间的职责不清、推诿扯皮等问题，使各项工作的开展更加顺畅高效。同时，法治环境下的监督机制也促使基层政府工作人员增强责任意识，积极履行职责，及时有效地完成工作任务，从而提高整体行政效率。

（4）促进社会和谐稳定。良好的基层法治环境有助于维护社会公平正义，保障公民的合法权益，及时、公正地化解社会矛盾和纠纷。基层政府在这样的环境下，能够更好地协调各方利益关系，解决社会问题，避免矛盾的激化和升级，为经济社会发展创造和谐稳定的社会环境，从而为政府执行力的发挥提供有力保障。

（5）推动政府职能转变。法治要求政府必须依法行政，这促使基层政府从传统的管理型政府向服务型政府转变。基层政府需要更加注重公共服务的提供，满足人民群众的需求，提高服务质量和水平。在这个过程中，政府的执行力也会得到提升，能够更好地落实各项惠民政策和服务措施，增强政府与民众之间的互动和信任。

从消极影响来看，法治环境对基层政府执行力的影响主要体现在以下几个方面：

（1）法律法规不完善或不合理。如果基层法治环境中的法律法规存在漏洞、空白或不合理之处，基层政府在执行相关政策时就会面临无据可依或依据不足的困境，导致政策执行的难度增加。例如，一些新兴领域的管理缺乏相应的法律法规，基层政府在处理相关问题时可能会无所适从，影响执行力的发挥。

（2）执法不严格、不规范。部分基层执法人员法律意识淡薄、业务能力不足，在执法过程中存在不严格、不规范甚至违法执法的现象，这不仅会损害政府的公信力，还会引发公众的不满和抵触情绪，使政府的政策执行受到阻碍。例如，个别执法人员的粗暴执法行为可能会导致群众对整个执法工作反感，进而影响相关政策的有效执行。

（3）法治意识淡薄。部分基层政府工作人员和普通民众的法治意识相对薄弱，对法律法规的重视不够。基层政府工作人员可能在工作中忽视法律程序和规定，而民众也可能因不懂法而不配合政府的工作，这都会对基层政府执行力产生负面影响。例如，一些基层政府在项目建设中未充分征求群众意见、未履行法定程序就仓促上马，导致群众抵制，项目无法顺利推进。

（4）监督机制不健全。若基层法治环境中的监督机制不完善，无法对基层政府的行政行为进行有效的监督和约束，就可能导致权力滥用、腐败滋生，影响政府执行力的公正性和权威性。例如，在一些地方，由于缺乏有效的内部监督和外部监督，个别基层政府工作人员利用职务之便谋取私利，损害了公共利益和政府形象，降低了政府的执行力。

四、执行资源：基层政府执行力的基础要素

基层政府的财政投入是否足以支撑基层政府工作的正常开展，基层政府的权力与责任是否匹配，执行流程是否合理，政府信息是否足够透明，教育培训是否满足基层干部的需求等因素都会影响基层政府的执行力。

（一）财政投入

新公共服务理论强调“以公民为中心”，政府要尽最大能力为人民谋福利。多数基层的条件较为艰苦，政府财政问题突出，制约了经济社会发展，导致政府无法提供高质量的服务。基层政府主要由上级划拨经费，实行专款专用。如果基层政府所在地的经济发展滞后，税收收入有限，基层政府有心无力，其职能发挥必然受到制约。比如，某企业未能按照合同如期支付农户土地租金，农户找到政府希望政府妥善解决并补偿其损失，虽然是政府与企业、农户共同签订的合同，但是因政府资金紧张，未能帮助协调解决，农户的利益受到严重损失，政府与民众关系紧张，矛盾凸显。

一方面，政府执行成本持续推高。财政供养人员的支出是政府运行成本中最大的支出。虽然一直在强调要减员增效，实际的执行中由于人员的基数较大，各种相关支出也水涨船高，因此，在短时间内很难立即缩减。在乡村振兴战略要求下，在资金有限的情况下，农村的基础设施改善以及招商引资工作都存在一定的困难，还要迎接上级的检查，有的地方用“涂脂抹粉”的方式，搞“面子工程”来应对，更是浪费了大量的资源。如果政策的渗透性不足，将导致政策的执行

效果不理想。例如，某县政府的易地扶贫搬迁政策，投入成本非常高，但收效甚微。财政局的一位工作人员说出了县政府财政紧张的无奈："上级的很多资金都是专款专用，资金使用时都需要走流程进行申请，这个时限又比较长，而且很多费用开支都不在申请范围内。因此，我们很多想做的事情做不了，面对群众的困难常常是有心无力。"此外，基层政府受传统管制型思想的影响，导致很多政策的执行成本越来越高，无法充分发挥其执行的效力。政府要以鼓励支持、开放包容的态度为公民参与公共治理提供更广阔的渠道。

另一方面，基层政府经济结构相对单一，财政收入能力较差。基层政府财政收入有限，而承担的公共管理和社会服务职能却日益繁重，导致在政策执行中面临资金不足的困境，影响了政策执行的力度和效果。例如，其在农村基础设施建设、教育医疗等方面的投入，因资金短缺可能无法达到预期目标。尤其是在乡镇，农业税取消后，乡镇的财政收入减少，多数经费需要上级政府的转移支付，导致基层政府收不抵支。此外，乡镇政府的事权和财权不匹配，分税制变革之后，上级政府将事权逐步下放，而与此相关的财权却没有相应下放，因此，加重了乡镇政府的财政负担，一些工作任务因资金缺乏难以正常开展。

（二）权责匹配

"基层强则国家强，基层安则天下安。"在实际工作中，基层政府面临着诸多繁杂的事务和任务，其权责匹配情况对执行力有着深刻的影响。当权责相匹配时，基层政府能够明确自身职责范围，合理运用权力去有效落实各项工作，上级政策可以顺利在基层贯彻执行，基层治理工作也得以高效开展，增强了民众对政府的信任和支持，进而有助于提升政府执行力。反之，若权责不清、事权不匹配，例如权力过小而责任过重，基层政府在执行任务时往往会力不从心，出现执行效率低下、执行不到位甚至无法执行等情况，将导致基层治理陷入困境，影响政府形象和治理效能。

当前基层政府被赋予了多方面的权力。从综合管理角度来看，依据相关政策法规，基层政府有权对辖区内的经济、社会事务等进行统筹安排与管理，比如制定并组织实施村镇建设规划，部署重点工程建设、地方道路建设以及公共设施、水利设施的管理等工作。

在行政执法权方面，不同地区的基层政府拥有不同的执法权力。例如，根据《城乡规划法》第65条的规定：乡、镇人民政府对于在乡、村庄规划区内未依法取得乡村建设规划许可证或者未按照乡村建设规划许可证的规定进行建设的，有权责令停止建设、限期改正；逾期不改正的，可以拆除。这体现了其在城乡规划领域的执法权力。又如，一些省（区）政府明确将农村宅基地监督检查权、违法行政处罚权等交由乡镇政府实施，部分地方还将宅基地以外的一些土地违法行为的行政处罚权以及其他土地行政审批、行政检查和管理权授权给乡镇政府。

同时，基层政府在人事管理等方面也有一定权力，有的地方基层政府可以在一定范围内统筹各种编制资源，整合条线专业人员，提升自身的指挥调配权和用人自主权。不过，权力的下放和配置在不同地区、不同事务层面存在差异。比如，在一些经济发达地区，基层政府的权力可能更多、更全面，能较好地对下放的权力进行整合运用；而在一些相对欠发达地区，可能受限于人员素质、资源配备等因素，对部分权力的承接和运用存在一定困难。以某沿海发达城市的街道办事处为例，由于其城市化进程较快、管理需求大，上级下放了较多涉及城市综合管理、市场监管等方面的权力，街道能够组建专业的执法队伍进行日常巡查执法，保障辖区秩序；而在某中西部山区的乡镇，尽管其基层政府也被赋予了一些诸如农村宅基地审批等权力，但因缺乏专业的规划和审批人员，在实际操作中权力行使的效率和效果受到一定影响。

基层政府肩负着诸多责任，在政策执行方面，必须坚决贯彻落实上级政府制定的各项政策。如乡村振兴战略相关政策，基层政府要组织实施，推动农村产业发展、生态保护、乡村建设等具体工作落地。在公共服务提供上，基层政府要组织实施与群众生活密切相关的各项公共服务：如落实人力社保政策，为居民办理社保相关业务；开展民政工作，保障困难群众的基本生活；推动教育资源合理配置，提升辖区内教育水平；组织文化体育活动，丰富群众精神文化生活等。

对于社会治理而言，基层政府需要承担起维护社会稳定的重任，构建公共安全防控体系，建立应对突发紧急事件的处理预案，及时化解辖区社会矛盾，例如调解邻里纠纷、处理治安问题等。同时，基层政府还要领导基层自治工作，健全完善自治、法治、德治相结合的基层治理体系，引导居民积极参与社区事务管理，提升基层治理的效能。例如，在农村人居环境整治工作中，基层政府不仅要制订具体的整治计划，组织人力物力开展垃圾清理、污水治理等工作（这体现了公共服务提供责任），还要宣传引导村民养成良好的卫生习惯、参与环境维护（这涉及社会治理责任），并且要向上级汇报工作进展、接受相关考核检查（这属于政策执行责任），从多方面落实好这项工作所赋予的责任要求。

公共政策中“有限分权”的执行结构会产生权力的交错，会出现权责交叉重叠，导致“政出多门”，尤其是基层政府“权责不对等”的情况更加突出。在执行过程中，基层政府的权力受到限制，弱化了基层政府执行力。在职能交叉的情况下，容易引起基层政府内部的利益博弈。在“经济人”假设下，政府和个体会因为各自的利益而产生冲突，导致执行过程中出现消极行为。“基层政府‘经济人’特性产生的逐利行为会导致执行过程产生偏差，同时，基层政府权责的不均衡也会导致政策执行过程中产生偏差行为。”[1]

分工不明确也是导致推诿扯皮的一个重要因素，只有明确每个岗位的职责分工，细化执行标准，明确工作目标，才能有效减少选择性执行、推诿扯皮的问题。明确每个岗位甚至是每个人的工作职责是确保执行力的关键前提。基层政府必须积极转变职能，按照“放管服”改革要求强化公共服务意识，提升政务信息的透明度，强化公共服务能力，增强人民群众的获得感。

（三）执行流程

一些基层政府的内部管理制度存在漏洞，如岗位职责不明确、工作流程不规范、协调机制不健全等，导致工作中推诿扯皮、职责不清，降低了执行效率。例如，在一些项目审批中，由于缺乏明确的流程和责任分工，可能导致审批时间过长、环节烦琐。具体来说，执行流程对基层政府执行力的影响有以下几个方面：

1. 流程的合理性影响执行效率

科学合理的执行流程能够根据任务性质与要求，优化资源配置，减少不必要的环节与重复劳动，使执行工作有序、高效地推进。例如，在行政审批流程中，简化审批环节、合并同类事项、实行并联审

[1] 张紧跟、周勇振：《信访维稳属地管理中基层政府政策执行研究——以A市檀乡为例》，载《中国行政管理》2019年第1期。

批等措施，可以大大缩短审批时间，提高办事效率，增强基层政府在服务企业与民众方面的执行力。反之，若流程烦琐、环节过多、手续复杂，如一些基层项目申报需要经过层层盖章、多个部门反复审核，不仅耗费大量时间与精力，还容易导致信息传递不畅、资料丢失等问题，严重降低执行效率。

2. 流程的规范性影响执行质量

规范的执行流程为基层政府执行工作提供了明确的操作标准与行为准则，确保执行过程的一致性与稳定性，有助于提高执行质量。例如，在环境执法中，从立案、调查取证、作出处罚决定到执行结案，每一个环节都有严格的程序要求与证据标准，这样可以避免执法的随意性与主观性，保证处罚结果的公正合法，提升执法公信力。若执行流程缺乏规范性，工作人员在执行过程中可能会出现操作不规范、标准不统一等问题，如在公共服务提供过程中，服务流程不清晰可能导致服务质量参差不齐，影响民众对基层政府服务的满意度与信任度。

3. 流程的灵活性影响执行应变能力

基层政府面临的执行环境复杂多变，执行流程的灵活性能够使基层政府在遇到突发情况或特殊问题时迅速调整执行策略与步骤，适应变化，保障执行工作的顺利进行。

4. 流程的沟通协调机制影响执行协同性

有效的沟通协调机制是执行流程的重要组成部分，它能够促进基层政府内部各部门之间、上下级之间以及与外部利益相关者之间的信息交流与协作配合，提高执行协同性。例如，在建设项目执行过程中，涉及规划、建设、环保、交通等多个部门，良好的沟通协调机制可以确保各部门及时共享项目信息，协调工作进度，避免因部门利益冲突或信息不对称而出现推诿扯皮、重复建设等问题，提高项目执行的整体效率与质量。若沟通协调不畅，各部门各自为政，可能会导致执行工作脱节，资源浪费严重，执行力严重受损。

因此，在组织目标明确的前提下，是否具有科学的执行流程就显得尤为重要。规范有效的流程是基于过去经验的积累和总结而逐渐形成的一套行之有效的方法。这种流程有助于为执行者尤其是经验能力不足的执行者提供可以遵循的执行方法，能够提高执行效率。但是如果执行流程本身不规范、不科学，就会影响执行效率，给执行者带来困惑。尤其是基层执行者，对于原来制定好的执行流程也不能作出改变，可能在抱怨流程不科学的同时，还不得不按照流程执行，导致执行者产生焦虑情绪，执行效果也不理想。当然，再完美的执行流程在不同时期和不同的事件中也可能因为情况不同，需要执行者相应进行灵活的调整适应，不能机械地按照流程执行。执行过程中必须做到程序完备，这是原则问题，不能违背。但是，执行者可以根据基层实际情况采用更为灵活的方式，提高执行的效率。

（四）信息公开

信息公开情况对基层政府执行力有重要影响，具体包括以下几个方面：

1. 信息公开为执行提供依据与导向

全面、准确的信息公开能够使基层政府工作人员更好地了解政策背景、目标和要求，为执行工作提供明确的依据和方向。例如，在政策解读方面，详细阐述政策的制定目的、实施细则和预期效果，有助于工作人员深入理解政策内涵，避免误解政策而导致执行偏差。同时，信息公开还能够使基层政府及时掌握社会公众的需求和意见反馈，根据公众关切调整执行策略和重点，确保执行工作更加贴近实际、符合民意，提高执行的针对性和有效性。

2. 信息公开促进执行资源整合与优化

信息公开可以促进基层政府内部以及政府与社会之间的信息共享与交流，有助于整合各方资源，提高资源利用效率。在内部资源整合方面，公开各部门的职责权限、工作流程和资源配置情况，可以打破部门之间的信息壁垒，加强部门之间的协同合作，实现人力、物力、财力等资源的优化配置，避免资源闲置和重复浪费。在外部资源利用方面，通过公开项目信息、招商信息等，可以吸引社会资本、技术和人才参与基层政府的公共服务和基础设施建设项目，拓宽资源获取渠道，增强执行资源保障能力。

3. 信息公开强化执行监督与问责

信息公开是实现执行监督和问责的重要前提。当基层政府将行政决策过程、执行进展情况和资金使用明细等信息向社会公开后，公众、媒体和社会组织等可以对执行工作进行全方位监督，及时发现执行过程中的问题和违规行为，如政策执行不到位、项目推进缓慢、资金使用不当等。这种外部监督压力能够促使基层政府加强自我监督和内部管理，建立健全执行监督机制，严格落实问责制度，对执行不力的部门和人员进行严肃问责，从而保障执行工作的顺利进行，提高执行力水平。

4. 信息公开提升政府公信力与社会支持

较高的信息公开程度有助于提升基层政府的公信力和社会形象，进而赢得社会公众的广泛支持和配合。当政府主动公开信息，积极回应公众关切，让公众感受到政府工作的透明度和公正性时，公众对政府的信任度会相应提高。在执行过程中，公众更愿意积极参与政府组织的各项活动，如政策宣传、社区建设、环境整治等，主动遵守政府的政策法规，为执行工作创造良好的社会环境。这种社会支持和配合能够有效降低执行成本和阻力，提高执行效率和效果。

政府是公共信息的主要发送者，相比其他社会组织和媒体，政府在公共信息获取中具有较大优势，这种不对等地位，为基层政府隐瞒信息提供了便利。一些基层政府部门为了掩盖错误，借助信息不对称的优势，瞒报、漏报和谎报信息，导致信息传播的失真。随着政府公共事务的增加，基层政府处理信息的负担加剧，同时信息被选择性传递的可能性也增加了。要进一步完善相关法律和规章制度，提升政务公开的法治化水平，整体推进政务公开制度和相关财政、人事等配套政策，确保政务公开的稳定性。

在公众对基层政府的信任关系中，公众通常以自身感知的信息为评判基层政府形象的重要标尺。在这些信息的传播中，媒体发挥了重要作用，是基层政府与公众信息传播的主要通道。但是一些媒体为了获取关注，对信息进行选择性的报道，并增加主观偏好。例如，一些媒体会更偏向于报道政府的负面信息，甚至为了谋取私利而扭曲实事。由于媒体具有信息传播速度快和传播范围广的特点，基层政府常常没有足够的反应时间，无法对一些失实的信息进行及时解释或者纠正，公众若缺乏足够的辨别能力，很容易对政府作出不客观的评价。

（五）教育培训

随着时代的不断发展进步，新形势、新任务对基层干部的能力素质提出了越来越高的要求。一方面，社会治理现代化的推进，要求基层干部具备更强的治理能力、统筹协调能力以及应对复杂局面的能力。例如，在数字化时代，如何运用信息化手段提高基层治理效率，怎样在多元利益诉求中平衡好各方关系等。另一方面，群众对美好生活的期盼日益增长，基层干部需要更好地了解群众需求，精准地提供服务，在乡村振兴工作中，要带领群众发展产业、改善生活环境，在街道社区要打造宜居、和谐的社区环境等。

在此背景下，开展基层干部教育培训意义重大。首先，有助于提升基层干部的素质能力，通过系统的培训，他们能够学习到先进的治理理念、实用的工作方法以及专业的业务知识，增强自身的定思路、抓落实能力，会发动、抓骨干能力，抓重点、会统筹能力等，从而更好地适应岗位要求，为基层工作的高效开展奠定坚实基础。其次，能够推动基层工作的高质量发展，当基层干部的能力得到提升，在落实政策时就会更加精准到位，在服务群众时也会更加贴心周到，无论是推动经济发展、维护社会稳定，还是促进文化建设等，都能取得更好的成效。最后，有利于打造一支忠诚干净担当的高素质专业化基层干部队伍，为党和国家事业的长远发展提供有力的人才支撑，确保基层工作能够持续健康地向前迈进，让党的执政基础在基层得到不断巩固和加强。

教育培训是提升干部能力素质的有效途径之一。但是当前有的教育培训有些流于形式，课程内容设置、师资情况、接受培训的对象、培训周期和频率等都存在一些不合理的因素。相关主体必须按照基层政府工作的实际情况，尊重受训者的需求和特点，更好地完善教育培训；防止培训内容与工作实际脱节，及时通过有效沟通，解决培训中的问题，避免培训资源的浪费，切实提升培训效果。

（1）培训内容有待加强。一是缺乏针对性。一方面，未能充分考虑基层干部所处的地域差异、工作领域差异以及个人能力层次差异。例如，在一些山区基层干部培训中，所传授的城市规划与管理知识对其实际工作帮助甚微；对于从事农业技术推广工作的基层干部，却安排大量的行政管理课程，导致培训内容与实际需求脱节。另一方面，培训内容往往偏重于理论知识，培训内容与基层实际工作需求脱节，缺乏针对性和实用性。有些培训内容对基层干部急需的实践操作技能和解决实际问题的方法涉及较少，不能有效解决基层工作中遇到的问题。如一些培训课程过于理论化，缺乏实际案例和操作指导；培训方式单一，以传统的课堂讲授为主，缺乏互动和实践环节，导致培训效果不理想，基层政府人员的参与度和积极性不高。如在乡村振兴战略培训中，只是讲解宏观政策理论，而对于如何具体开展特色农业产业项目、怎样有效解决农村土地流转纠纷等实际问题缺乏深入指导。二是内容更新滞后。当前的基层干部教育培训还不能完全跟上时代发展的步伐和政策法规的变化。虽然数字化、智能化技术在基层治理中广泛应用，如电子政务平台的推广、智能农业设备的使用等，培训内容却未能及时纳入相关新技术知识，使基层干部在面对新工作手段和工具时不知所措。部分培训内容对于新出现的社会热点问题和基层矛盾应对策略更新不及时。例如，在基层社区治理中，面对日益增多的新业态从业人员管理、社区养老服务新模式探索等内容，培训课程需要及时进行相应的知识和方法补充。

（2）培训师资水平有待提高。一是师资结构单一。当前的培训师资主要依赖高校和党校教师，缺乏来自基层一线的优秀干部、行业专家和技术能手。高校和党校教师虽然理论知识丰富，但对于基层工作的实际细节和具体困难了解有限，在授课过程中难以生动形象地传授接地气的工作经验和实用技巧。另外，不同地区、不同部门之间的师资交流合作较少，导致培训师资的视野和教学方法相对局限。例如，沿海发达地区与中西部欠发达地区的基层干部培训师资交流不足，无法共享先进的基层治理经验和创新培训模式。二是师资水平参差不齐。部分教师缺乏基层工作实践经历，在教学过程中只能照本宣科，不能很好地结合实际案例进行深入浅出的讲解，使培训课堂枯燥乏味，基层干部参与积极性也不高。一些教师对基层干部的培训需求把握不准，教学重点不突出，教学效果欠佳。而有的教师具有丰富的基层工作经验，同时具备良好的授课技巧。例如，在基层应急管理培训中，教师不仅告诉学员应急管理的一般理论和原则，而且运用丰富的案例针对基层常见的自然灾害、公共卫生事件等内容进行生动详细的讲解，同时让学员进行课堂现场模拟演练，这样就能让学员获得理论和实践能力的双重提升。

（3）培训方式有待完善。一是以传统面授为主，缺乏灵活性。基层干部工作任务繁重，集中面授培训导致部分干部无法全身心投入培训。例如，在农忙时节安排大规模的基层干部集中培训，许多从事农业工作的干部不得不请假或在培训中分心处理工作事务。面授培训地点相对固定，对于一些偏远地区的基层干部来说，交通不便增加了参加培训的成本和难度。而且，传统面授培训以教师单向讲授为主，互动性不足，基层干部的主动性和创造性难以得到充分发挥。二是培训方式创新性不足。许多培训对现代信息技术手段利用不充分，如线上培训平台虽然已经建立，但课程资源质量不高，多为简单的视频录制，缺乏互动性和实时性。其与一些商业在线教育平台在课程设计、教学技术应用等方面存在较大差距；情景模拟、案例教学等实践教学方法应用不够广泛和深入，无法真正提升干部解决实际问题的能力。

（4）培训管理与评估有待提高。其一，培训管理不规范。培训计划的制订缺乏科学性和系统性。有的培训没有充分调研基层干部的培训需求和工作实际，导致培训计划随意性大，课程安排不合理。例如，有的培训在短时间内安排过多课程，基层干部难以消化吸收；有的培训课程之间缺乏连贯性和逻辑性。有的培训在组织实施过程中存在管理漏洞。如培训场地设施不完善，影响培训效果；培训资料准备不充分，学员无法获取完整的学习资料；培训期间的考勤管理不严格，部分干部存在迟到、早退甚至无故缺席现象。其二，培训评估不完善。有的培训评估指标单一，主要侧重于对基层干部理论知识掌握程度的考核，而忽视了对干部实践能力提升、工作态度转变以及培训对实际工作推动作用的评估。有的培训评估方法不科学，多采用一次性的结业考试或问卷调查，缺乏对培训过程的跟踪评估和长期效果的持续监测。例如，评估问卷往往在培训结束后立即进行，基层干部可能出于礼貌或敷衍而给出不真实的反馈，无法准确反映培训的实际效果。

第五章　乡村振兴战略背景下增强基层政府执行力的对策建议

基于调研和论证分析，在乡村振兴战略背景下增强基层政府执行力需要从以下几个方面着手：加强基层干部的党性修养，锻造优良作风；强化基层干部的教育培训，提高培训的实效性；提高基层干部的专业能力，增强服务群众工作本领；养成良好的执行习惯，提高基层干部的综合素质；完善基层政府的执行机制，确保考核评价客观公正；营造良好的执行环境，培育高效的执行文化；合理配备执行资源，奠定执行的现实基础。

一、加强基层干部的党性修养，锻造优良作风

基层干部的党性修养是决定基层政府执行力的关键所在。基层干部只有坚定理想信念，牢固树立“四个意识”，增强责任意识，力戒形式主义，真抓实干，进一步推进全面从严治党，锻造优良作风，才能确保较强的执行力。

（一）坚定理想信念

坚定的理想信念是激发基层政府强大执行力的关键内驱力。理想信念是基层干部的精神之钙。基层事务繁杂琐碎，若缺乏坚定的理

想信念支撑，干部极易在困难与诱惑面前迷失方向、丧失斗志。只有怀揣着为人民谋幸福、为民族谋复兴的崇高理想，基层干部才能在面对乡村振兴中的产业发展瓶颈、基层治理中的复杂矛盾纠纷以及民生保障中的资源短缺等问题时，保持积极向上、勇往直前的工作态度，将解决群众的急难愁盼问题作为自身不懈的追求，从而为提升执行力注入源源不断的精神动力。

从宏观层面看，坚定的理想信念有助于基层政府精准把握国家政策方针的要义与方向，确保执行不偏不倚。在乡村振兴战略进程中，基层干部只有深刻领悟乡村振兴战略对于国家发展、民族复兴的重大意义，才能在产业规划、人才培养、文化传承、生态保护以及组织建设等各个方面坚决贯彻落实上级部署，因地制宜地制定符合本地实际的发展策略，而非机械执行或敷衍了事。

在微观层面，理想信念能够增强基层干部的责任担当意识，促使其在执行任务时做到细致入微、善作善成。处理环境整治、邻里纠纷调解等日常工作，看似微不足道，实则关乎群众生活质量与幸福感。拥有坚定信念的干部会耐心倾听群众诉求，用心协调各方利益，哪怕面对个别群众的不理解甚至抵触情绪，也能坚守岗位，通过反复沟通以实际行动来化解矛盾，推动工作进展。

坚定理想信念并非一蹴而就，需从多方面持续发力。要不断锤炼干部的理想信念，用党的理论知识武装头脑，强化干部的政治意识。坚定理想信念首先就要做到对党忠诚。对党忠诚是广大干部尤其是广大党员干部必须无条件遵循的原则，是不能掺杂任何杂质，没有任何退路的绝对要求，是每个党员干部最基本的政治要求和政治素养。坚定理想信念就是做到始终在思想上、行动上同党中央保持高度一致，心怀“国之大者”，做到对党、对人民表里如一，说老实话，做老实事。每个干部的一切言行都以党的纪律为根本遵循，始终把党纪党规牢记心中，放在首位，在任何情况下都不能出现偏差。良好的工作作风要从一点一滴的小事做起：做到慎独慎微慎行，不以恶小而为之，不抱有侥幸心理，追求健康的情趣，做到忠诚、干净、担当；树立正确的人生观、世界观、价值观，培养良好的兴趣爱好，追求高尚的情操，自觉抵制享乐主义和奢靡之风。

要进一步加强基层干部的理想信念教育。习近平总书记指出："心有所信，方能行远。"加强干部的理想信念教育，就要引导广大干部用初心砥砺信仰、用理论坚定信念、用实践增强信心，使其担当起民族复兴的大任。开展新时代的理想信念教育，要结合"回望过去"和"展望未来"，不断从党史中汲取营养，教育引导广大干部为党和人民的事业不懈奋斗。

（二）树立"四个意识"

牢固树立政治意识、大局意识、核心意识、看齐意识，对于增强基层政府执行力具有至关重要的意义，是推动基层治理现代化的关键所在。

1. 政治意识是基层政府执行力的根本保证

人心是最大的政治，讲政治是党的干部的基本要求，基层政府要坚持党的政治领导，不断加强党性修养，把准政治方向，始终与党中央决策部署保持高度一致。只有增强政治意识，按照习近平总书记所强调的不断提高政治判断力、政治领悟力、政治执行力，才能切实增强基层政府的执行力。基层干部身处服务群众的最前沿，必须时刻保持高度的政治敏锐性，深刻领悟"两个确立"的决定性意义，坚决做到"两个维护"。在执行政策过程中，无论是推进乡村振兴战略，还是落实生态环保要求，都要从政治高度去认识和把握工作的重要性。只有坚定政治立场，才能在纷繁复杂的基层事务中找准方向，确保各项工作不偏离党的领导和国家发展的大方向，坚决贯彻执行党中央决策部署，将党的政治优势转化为基层治理的强大效能。

2. 大局意识是基层政府执行力的重要前提

基层政府必须始终按照“围绕中心服务大局”的要求，坚持局部服从全局，把基层的各项工作放到党中央的大局中去谋篇布局、科学规划、扎实落实。大局意识意味着基层政府在政策执行的时候，不能只考虑本区域、本部门，以及个人的情况，必须心怀“国之大者”，时刻关心党中央的精神和要求，以党和国家的中心工作为出发点，再结合本地实际，做到“上接天线”和“下接地气”两者兼顾。基层工作千头万绪，但绝不能陷入“只见树木，不见森林”的狭隘视野。基层政府应站在地区发展、国家建设的全局高度来谋划和推进工作。例如，在产业布局上，不能仅仅局限于短期的经济效益，而要考虑到与周边地区的协同发展、产业升级以及可持续发展等大局因素。当面临局部利益与整体利益冲突时，能够果断舍弃小我，成就大我，积极配合上级政府的统筹安排，形成上下一盘棋的良好局面，使各项政策在基层执行过程中产生协同效应，汇聚成推动国家发展的强大合力。

3. 核心意识是基层政府执行力的关键支撑

基层政府必须坚决拥护中国共产党的领导，紧紧围绕在以习近平同志为核心的党中央周围。基层干部要在思想上、行动上认同核心、维护核心，扎实地把党中央的各项决策部署落到实处。在基层治理实践中，要紧紧围绕以习近平同志为核心的党中央，坚决听从党中央集中统一领导和指挥。基层党组织应充分发挥战斗堡垒作用，凝聚各方力量，形成强大的执行团队。在面对重大突发事件，如自然灾害、公共卫生事件时，基层干部应当迅速响应，按照党中央的统一部署，有条不紊地组织群众、调配资源，确保各项应急措施高效执行，切实保障人民群众的生命财产安全，充分彰显核心意识在基层执行力中的关键作用，确保基层治理在关键时刻不掉链子、不打乱仗。

4. 看齐意识是基层政府执行力的有力保障

基层政府要始终做到坚定政治信仰，一切行动向党中央看齐，做到令行禁止。基层干部要经常将自己的言行与党中央的要求对标对表，主动对齐，及时校准，确保政府执行不偏航。基层政府要通过不断学习和借鉴优秀实践成果，提升自身的治理能力和执行水平。在政务服务优化方面，学习先进地区的“最多跑一次”改革经验，简化办事流程，提高服务效率，提升群众满意度。同时，基层干部要时刻对照党纪国法、对照工作职责，查找自身不足，及时纠正偏差，以高标准、严要求来规范自己的执行行为，确保各项工作高质量完成，使基层政府执行力在看齐过程中不断得到强化和提升。

牢固树立“四个意识”，是基层政府增强执行力的必由之路。只有将“四个意识”内化于心、外化于行，基层政府才能在新时代的征程中，精准高效地执行党和国家的各项政策，破解基层治理难题。这是确保基层政府执行大方向不出现偏差的底线原则。

（三）增强责任意识

基层政府是“公共权力的行使者、公共资源的管理者、公共利益的维护者、公共产品和公共服务的提供者、公共组织的监督者、公民权利的保障者”[1]。上级政府的政策制定出来后，就明确了基层政

[1] 彭向刚、程波辉：《论执行文化是执行力建设的基础》，载《学术研究》2014 年第 5 期。

府的中心工作。基层政府要主动担负起这份责任，要增强基层政府干部的责任意识、服务意识、担当意识等。

1. 强化责任意识，提升执行效能

强化基层干部的责任意识才能精准落实政策，推动乡村振兴、民生改善等工作扎实落地。在应对突发事件时，强烈的责任意识有助于激发干部勇于担当、快速响应、保障群众安全，进而提升政府公信力，为社会和谐稳定筑牢根基。高度的责任感是提高政府执行力的重要内容，只有具备强烈的责任意识才能推动工作顺利、高效进行。政府干部要通过自主学习、参加教育培训、向优秀典型学习等方式，提高自身的责任意识，增强敬业精神，树立守土有责、守土负责、守土尽责的理念，形成良好的工作作风。古人云：在其位，谋其政；负其责，尽其事。谋政就是做到对人民高度负责。基层干部只有树立强烈的责任意识，在工作中才不会总是推诿扯皮，敷衍应付，影响基层政府的执行力。

2. 提高服务意识，坚持以民为本

《中共中央关于全面深化改革若干重大问题的决定》强调，“创新社会治理，必须着眼于维护最广大人民根本利益”。全心全意为人民服务是政府工作的根本立足点。基层政府工作人员工作的出发点和落脚点都是人民对美好生活的需要。每个基层政府干部只有做好本职工作，保证工作效率，才能服务好人民群众。在乡村振兴战略中，就是要把发展乡村作为首要目标，就是要把乡村人民的利益诉求放在首位。基层政府干部要明确自身的角色和使命，在工作中时刻践行“以人民为中心”的理念，把一切为了人民作为基层治理的根本价值导向。基层政府干部要坚持贯彻党的群众路线，尊重人民群众的主体地位，耐心倾听群众呼声，充分发挥群众智慧，用心解决群众困难。

3. 提高担当意识，发扬斗争精神

有责任就要有担当，担当意识是干部必备的基本素养，习近平总书记强调，有多大的担当才能干多大的事业。新时代的基层干部离不开担当精神，在基层工作中常常会遇到急难险重的突发情况，这个时候就是对基层干部担当精神的考验，看其能否做到挺身而出，承担责任，坚决和各种困难做斗争。新时代干部要发扬斗争精神，就是要在人民群众有需要的任何时候都能担当负责。担当首先要做到履行好本职工作，完成分内事，做到尽己所能，竭尽全力。出现问题和矛盾的时候，要敢于承担相应的责任，不能总是找借口，甚至把责任推到他人身上。

责任就是使命，新时代的基层干部肩负着广大人民群众的殷切期望，责任胜于能力，勇于担当的气魄是直面困难的前提，不能轻言放弃，要有不破楼兰终不还的决心，以勇往直前的精神突破重重困难险阻。责任重于泰山，每一名基层干部都要始终牢记人民的嘱托，努力做到一切为了人民，为了人民的一切而担当尽责。担当就是要有勇于负责的勇气，就是对党和人民高度负责的态度；就是面对问题不回避，面对困难不低头，面对挫折不弯腰的大无畏精神。强烈的责任感能够带来勇气，这是一种能量，能够激发工作的热情和智慧，确保基层干部全身心地投入工作。

（四）力戒形式主义

“决策部署作出以后，对广大干部特别是基层干部来说，最重要的莫过于求真务实、狠抓落实。”[1] 自2012年中央八项规定实施以来，文山会海的问题有所缓解，但是变异的形式主义问题依然存在。例如，为了提高工作效率，视频会议逐渐增多。原本召开视频会议的初衷是直通基层，打破时空限制，节约通勤时间，然而，一些地方为了“传达部署”会议精神，围绕同样的内容层层召开视频会议，导致基层干部常常忙于应付重复的会议，而无暇顾及中心工作。为了解决发文过多的问题，很多部门使用微信工作群、政务App。过多过滥的“云文件”、打卡留痕等形式主义并没有减轻基层负担，反而给基层干部带来新的压力。这些形形色色的形式主义割裂了党同人民群众的血肉联系，严重损害党和政府的公信力。

力戒形式主义是攻坚战、持久战。整治新的形式主义，需要各地、各部门按照实事求是的思想路线，牢记服务为民的根本宗旨，让基层干部从一些无谓的事务中解脱出来，做到察真情、说实话，出真招、办实事。

1. 发扬钉钉子的精神抓落实

习近平总书记反复强调要以钉钉子精神把工作做实，“抓落实就好比在墙上敲钉子：钉不到点上，钉子要打歪；钉到了点上，只钉一两下，钉子会掉下来；钉个三四下，过不久钉子仍然会松动；只有连钉七八下，这颗钉子才能牢固”[2]。首先，执行要保持专注与定力。如同钉钉子要对准一个点持续发力，基层政府在执行各项任务和政策时，应明确目标方向，避免被其他无关事务干扰，心无旁骛地聚焦于关键工作和核心任务，例如在推动乡村振兴战略落实过程中，紧紧围绕产业发展、生态建设、文化传承等既定目标持续推进。其次，执

---

[1] 习近平：《之江新语》，浙江人民出版社2007年版，第241页。
[2] 习近平：《之江新语》，浙江人民出版社2007年版，第241页。

行要持之以恒推进。钉钉子不是一锤定音，而是一锤接着一锤敲。基层工作任务繁杂且往往具有长期性，如环境整治、民生改善等工作并非一蹴而就，需要持续用力、久久为功，逐年逐月逐步推进，不断积累成效，而不是搞“一阵风”式的运动战。最后，执行要注重精准落实。钉钉子要精准无误地将钉子钉入合适位置，基层政府执行政策时也要精准对接上级要求和本地实际情况，确保政策落地不走样、不偏差。比如，在一些山区乡村，当地政府调研发现当地的土壤、气候条件适合种植某种珍稀中药材，政府精准引入农业技术专家，为农民提供种植技术培训，配套相应的基础设施，落实产业发展计划，逐渐壮大乡村的中药材产业，增加农民收入。

2. 以久久为功的态度执行各项任务

基层工作纷繁复杂，涉及的部门多、领域广，面对的群众也是各种各样，有些问题的处理往往不是一蹴而就的，需要有极大的耐心去面对。要有功成不必在我的理念，要发挥各部门协同合作的积极作用，既要做当前看得见的事业，也要做那些暂时看不见政绩的工作，要有“一张蓝图绘到底”的决心和勇气，埋头苦干、持之以恒，为了人民群众对美好生活的向往而持续奋斗。要有“滴水穿石”的毅力，朝着既定的目标，以咬定青山不放松的决心，矢志不渝，奋勇向前。

3. 真抓实干，力戒形式主义

“理论是灰色的，而实践之树常青。”执行力不是喊口号，而在于实践。民族复兴的伟大梦想是实干干出来的，中国式现代化的目标是奋斗出来的。抓落实不满足于做，而在于做对、做好。一分部署，九分落实。所谓落实就是落实到位，就要真抓实干，不搞花拳绣腿，不能用会议、发文代替落实，必须把各项工作落到实处。真抓实干不仅要求真务实，还要守正创新，不被传统观念束缚，要与时俱进，学习新知识、掌握新本领，以积极的心态应对新情况新任务。要开拓进取、解放思想，在处理复杂问题的过程中，不断提升自身本领，抓住主要矛盾，发现问题的本质，有针对性、创造性地解决难题。要有真本领，解决真问题，不做表面功夫，要以人民群众的需求为己任，不做只讨领导欢心而让群众伤心的蠢事。服务群众不能敷衍应付，讲空话套话，要出实招、求实效，把人民群众满不满意作为一切工作的评价标准。

（五）全面从严治党

基层政府应加强廉政文化建设，通过积极开展勤政、廉政教育，加强法律知识学习，做好党内监督的各项工作，切实增强公职人员廉洁自律，从源头上提防腐败的侵蚀，提高依法行政水平，严肃党内政治生活，树立廉洁政府形象。

1. 持续深化反腐败斗争

公众清廉感知与政府公信力水平存在正相关关系，公众清廉感知程度越高，对应的公信力水平就越高，公信力流失就越少。[1] 腐败是公共权力的异化，不仅影响社会的公平公正，还会对政府公信力和执行力造成巨大损害。一些法治观念淡薄的政府工作人员由于相关约束制度缺失，实施各种违法腐败行为，在公众心中的形象严重受损。政府的廉洁与否直接关系政府的合法性和政治的稳定性，只有廉洁的政府才能促进机会均等和保障公民自由权利，才能获得公众的长久支持和信任。俗话说“水能载舟，亦能覆舟”。腐败问题的产生

[1] 陈永进、祁可、何宁：《清廉感知、依法办事水平与政府公信力——基于 CGSS 2015 和 CSS 2017 数据的实证研究》，载《重庆社会科学》2020 年第 3 期。

源于权力的异化和寻租，基层政府若不能对腐败行为采取一定的措施进行预防、控制和惩治，容易伤害人民感情，会失去民众的支持，动摇执政根基。因此，必须要在源头进行权力的约束，推进清廉政府建设，提升清廉政府的形象。

2. 进一步加强权力的监督与管理

一方面，采用权力清单制度。群众在参与的过程中可以监督政府在各流程和进度上的把控，预防腐败。另一方面，腐败行为具有隐蔽性，政府要利用好、发挥好网络监督的作用，及时发现公职人员的不良行为，在其演变成腐败行为之前要及时制止。此外，加强干部廉政教育。常态化开展廉洁从政专题学习教育，帮助公职人员坚守底线，不碰红线，从源头上扼杀腐败的萌芽，赢得民心。建立健全纠治“四风”长效机制，用制度不断巩固拓展作风建设成效。

3. 强化基层政府依法行政

现代社会的信用制度形成是以道德为支撑、以法律为保障的。各级干部要对法律怀有敬畏之心，牢记法律底线不可触碰，带头依法办事，不能以权压法、徇私枉法。坚持依法行政是适应社会主义民主政治发展的必然选择。依法行政是为了防止行政权力的滥用，减少行政行为的随意性及由此引发的腐败行为。规范行政权力的运行，能最大限度地实现和维护公民自主选择以及平等参与的权利，有利于从根本上促进维护地方政府治理的公平正义。[1] 要充分发挥规则、程序以及监督的作用，防止行政权力的滥用。遏制腐败行为的发生是维护社会公正、保障公民权利、提高行政管理水平，增强政府执行力的重

〔1〕 丁明春、郑维东：《论行政法治建设与地方政府治理的现代化》，载《河南大学学报（社会科学版）》2019 年第 4 期。

要前提。

4. 严肃党内政治生活

习近平总书记指出，“从严治党必须从党内政治生活严起”。其一是坚持民主集中制。如果没有民主就容易导致专制，但是光有民主而不讲集中，则会导致无政府主义。其二是勇于开展批评和自我批评。批评和自我批评是解决党内矛盾的有力武器。这个武器要大胆用、经常用、充分用好，使之成为一种习惯、一种自觉和一种责任。但是现在这个武器有时候却被忽视了，“和稀泥”的多了，敢“硬碰硬”的少了。必须着力解决两个问题：第一，要破除庸俗的人际关系。党员干部要少讲恭维的话，杜绝阿谀奉承、官话套话等。第二，要培养批评与自我批评的勇气。要有勇气讲原则、讲真理，不讲关系、不讲面子；要有勇气谈问题不回避，找差距不护短。其三是明确党委纪委监督责任。加大监督执纪问责力度，落实党风廉政建设，要求党委负主体责任，纪委负监督责任。因此，一个地方或部门的党风廉政建设出现问题，党委就要承担主要责任。党委要选好用好干部，强化对权力的制约和监督，带好队伍。纪委要协助党委做好党内监督的各项工作，维护中央权威，贯彻执行党的路线方针，保障党员的权利，维护人民群众的根本利益，廉洁自律，抓好党风廉政建设。

二、强化基层干部的教育培训，提高培训的实效性

习近平总书记强调：“干部教育培训工作是干部队伍建设的先导性、基础性、战略性工程。”加强干部的教育和培训是提升干部队伍整体素质和能力的重要途径，尤其是新时期，加强党的执政能力和保持先进性，需要通过科学的教育培训，强本领，长才干。干部教育培

训必须根据干部个体发展需求和实际能力素质的情况有针对性地围绕当前基层政府的中心工作开展；要着重填补基层干部的能力短板、经验盲区开展精准化的培训；尤其要加强干部的理想信念教育，增强服务群众的本领，切实为乡村振兴战略的有效推进作出应有的贡献。

（一）利用好现有的培训方式

1. 传统面授培训

传统面授培训是基层干部教育培训中较为常见且一直沿用的重要方式。通常由上级部门或者专业的培训机构进行组织策划，邀请相关领域的专家学者担任授课讲师。在培训过程中，会采用讲座的形式系统地讲解理论知识，让基层干部对各类政策、理念等有全面深入的理解；通过组织讨论，鼓励基层干部各抒己见，分享工作中的经验与遇到的问题，在思想的碰撞中拓宽思路；运用案例分析，将抽象的理论知识与实际工作场景相结合，帮助基层干部更好地掌握如何将所学运用到实践中去。例如，在一些地方开展的基层干部乡村振兴专题培训里，专家在讲座环节详细解读国家在乡村产业发展、生态建设等方面的政策文件，让基层干部明晰工作方向。在讨论阶段，来自不同村镇的干部交流各自在推动乡村旅游、特色农业发展时遇到的难题与解决办法。而案例分析时，深入剖析一些成功乡村的发展模式，使基层干部能够借鉴经验，思考适合本地的发展路径。这种传统面授培训的方式，为基层干部提供了集中学习交流的机会，有助于提升他们的理论素养与实践能力，更好地服务基层工作。

2. 现代远程培训

随着信息技术的飞速发展，现代远程培训在基层干部教育培训中发挥着越来越重要的作用。互联网以及视频会议等技术手段，为基层干部打造了丰富多样的学习平台。一方面，学习平台可提供大量的在线课程，涵盖政治理论、业务知识、领导能力等诸多方面，基层干部可以根据自身的需求和时间安排，灵活选择相应课程进行学习；另一方面，可以通过直播的形式，邀请知名专家、优秀基层工作者等进行实时授课、分享经验，基层干部能参与互动、提问答疑。此外，远程讨论功能也便于不同地区的基层干部交流心得、共同探讨工作中的重难点问题。比如，有的地区利用线上学习平台，推出了一系列关于基层治理数字化转型的课程，基层干部无须离岗，在工作之余就能随时随地通过电脑或手机参与学习，了解如何运用大数据、互联网平台等提高基层治理效率，有效解决了工学矛盾，使他们能够在不离岗的情况下也可获得高质量、有针对性的培训，跟上时代发展的步伐，不断提升自身工作能力。

3. 实践教育

实践教育是让基层干部将所学知识转化为实际操作能力的关键环节。通过实地考察、参观学习等形式，将基层干部带入到真实的工作环境中去。比如，组织基层干部到先进的社区考察学习社区治理模式，实地了解社区在党建引领、居民服务、矛盾调解等方面的具体做法；或者到乡村振兴的示范村参观，学习产业发展、乡村建设等方面的成功经验。在这个过程中，基层干部能够亲身体验、直观感受，更好地把所学的理论知识与实践相结合，加深对内容的理解和把握，并且可以将这些实践中收获的经验带回自己的工作岗位，应用到实际工作中，切实提高工作成效。如某县组织的中青年干部素质提升培训班，安排中青年干部分组到不同的村镇与当地群众“同吃、同住、同劳动”；通过发挥调查研究“传家宝”作用，深入了解基层工作情况；通过一起出力流汗，帮助中青年干部树立正确价值观、政绩观和群众观。同时，围绕乡村发展的多个专题进行调研、座谈，共商发展大计，让干部们在实践中强化对基层工作的认识，提升责任感和使命感，为今后更好地开展工作积累宝贵经验。

4. 团队交流与学习

团队交流与学习旨在通过组织基层干部开展各类交流活动，促进经验共享、相互学习，借助团队的力量提升整体素质与能力。常见的活动形式包括座谈会、研讨会、轮岗交流以及对比分析等。座谈会和研讨会为基层干部提供了一个开放的交流平台，大家可以围绕特定的主题，分享自己在工作中的心得体会、遇到的困难以及解决办法，在交流中互相启发、共同进步。例如，针对基层矛盾调解工作召开的研讨会，不同地区的基层干部分享各自成功调解的思路与技巧，有助于其他干部拓宽调解工作的思路。轮岗交流则让基层干部有机会到不同的岗位、不同的地区去锻炼，了解不同的工作环境和工作内容，学习新的工作方法。而对比分析则是通过对不同基层单位在相同工作上的成效、做法等进行对比，找出差距和优势，进而借鉴优秀经验，改进自身工作。比如，在乡村振兴战略推进过程中，甲村和乙村都致力于发展特色农业产业，但初期成效却有所差异。甲村在产业发展中存在村民参与度低、技术培训不足、销售渠道单一等问题，导致产业抗风险能力弱，发展受限；而乙村通过充分的市场调研、多元的参与机制、全方位的技术支持和多样化的销售策略，实现了产业的可持续发展和村民的广泛受益。其他基层单位可以借鉴乙村的经验，在乡村振兴的道路上少走弯路，实现产业兴旺和乡村全面振兴的目标。

5. 个性化培训

由于基层干部在个人特点、岗位需求等方面存在差异，个性化培训应运而生。这种培训会根据不同干部的具体情况，量身定制诸如一对一辅导、小组培训、个人学习计划等培训举措。比如，对于刚入职不久、缺乏工作经验的年轻基层干部，安排经验丰富的老骨干与其结成一对一的帮扶对子，进行有针对性的指导，帮助他们尽快熟悉工作流程、掌握工作技巧；针对一些需要提升专项业务能力的干部群体，组织小组培训，聚焦业务重难点进行专项突破；还会根据干部的岗位特点和个人发展规划，为其制订个人学习计划，明确学习目标、内容和进度安排等，使培训更贴合干部的实际需求，有效增强培训效果，助力基层干部在各自的岗位上更好地发挥作用，实现个人成长与工作提升的双赢。

（二）精准定制培训内容

培训内容可以根据执行的不同阶段所需的不同的能力要求来设置。在执行活动之前，注重领会力、预测力、计划力；在执行活动过程中，侧重组织力、控制力、决断力、应变力、指挥力、沟通协调力；在执行活动后期，侧重评估力、调整力、问责力。[1] 为确保培训课程设置的科学性和实效性，需要从以下几个方面入手。

1. 深入调研需求

组织专门的调研团队，深入基层一线，通过问卷调查、实地访谈、工作坊等形式，全面了解不同地区、不同岗位基层干部的工作现状、面临的挑战以及对培训内容的个性化需求。例如，对于乡镇干部，重点关注乡村振兴、基层治理、农村产业发展等方面的需求；对于社区干部，则侧重于社区服务创新、矛盾调解、精细化管理等内容。同时，建立基层干部培训需求动态数据库，定期更新数据，以便

[1] 徐珂：《政府执行力解析》，载《前线》2007 年第 5 期。

及时调整培训内容。

2. 构建模块化课程体系

根据调研结果，将培训内容设计成多个模块化课程，包括基础理论模块、专业技能模块、实践案例模块、前沿知识模块等。基础理论模块涵盖党的理论、法律法规、行政管理等基础知识；专业技能模块针对不同岗位设置如农业技术推广、财务审计、社会工作等专业课程；实践案例模块收集整理各地优秀基层工作案例，深入剖析成功经验与失败教训；前沿知识模块及时引入大数据、人工智能、区块链等新兴技术在基层工作中的应用知识。基层干部可根据自身岗位需求和知识短板，自主选择、组合课程，实现培训内容的精准匹配。

3. 及时更新课程内容

成立课程内容更新小组，密切关注国家政策法规变化、社会热点问题以及基层工作领域的创新实践。例如，当国家出台新的乡村振兴扶持政策时，迅速组织专家团队将政策解读纳入培训课程；针对基层网络舆情管理的新挑战，及时更新网络舆情应对策略课程内容；结合各地智慧社区建设的创新实践，补充智慧社区运营管理知识。同时，鼓励基层干部反馈实际工作中的新问题和新需求，并将其作为课程内容更新的重要依据，确保培训内容始终与时代同步、与基层工作实际紧密结合。

（三）优化师资队伍建设

1. 多元化师资选拔

拓宽师资选拔渠道，除了传统的党校教师、高校教师外，积极吸纳基层一线优秀干部、行业领军人物、技术专家等加入师资队伍。例如，选拔在乡村振兴工作中取得显著成绩的乡镇党委书记作为乡村发展课程的授课教师，分享基层实践经验；邀请农业领域的科研专家讲解农业科技创新前沿知识；聘请资深社会工作者传授社区服务技巧。建立公开透明的师资选拔标准和程序，选拔出既有扎实理论基础又有丰富实践经验的师资人才。

2. 师资培训与交流提升

定期组织师资培训活动，针对不同类型的师资开展有针对性的培训课程。例如，为党校教师和高校教师提供基层工作实践调研机会，使其深入了解基层工作实际；为基层干部教师提供教学方法、课程设计等方面的培训，提升其教学能力。同时，积极开展师资交流活动，组织不同地区、不同背景的教师进行教学研讨、观摩学习、互派授课等，促进师资队伍整体水平的提升。例如，开展东西部基层干部教育培训师资交流项目，让东部发达地区的优秀教师到西部传授先进经验，让西部教师到东部学习创新教学模式。

3. 建立师资激励机制

设立专门的师资激励基金，对教学效果好、学员评价高的师资给予物质奖励和荣誉称号。例如，评选年度“优秀基层干部培训教师”，发放奖金、证书及给予优先参与高级别培训研讨活动的机会。建立师资晋升机制，将教学成果与教师的职称评定、职业发展挂钩，激励教师不断提升教学质量和创新教学方法。同时，为教师提供良好的教学条件和发展空间，如提供教学设备支持、协助开展教学研究项目等，增强师资队伍的稳定性和吸引力。

（四）创新培训方式方法

1. 线上线下融合培训

充分利用互联网技术，搭建线上培训平台，开发丰富多样的线上课程资源，设置视频讲座、在线直播、互动讨论区、虚拟实践模拟等功能模块。基层干部可以根据自己的时间和学习进度，随时随地进行线上学习。例如，利用线上直播平台邀请专家学者进行政策解读和热点问题分析，基层干部通过手机或电脑即可实时观看并提问互动；开发农业生产模拟软件，让基层农业干部通过线上虚拟实践掌握农业新技术操作流程。同时，结合线下集中面授培训，开展实践操作、案例研讨、团队建设等活动，加强学员之间的交流与合作。例如，线下组织基层干部到乡村振兴示范村、智慧社区示范点进行实地考察学习，现场交流经验做法。

2. 情景模拟与案例教学深度应用

设计逼真的基层工作情景模拟课程，如农村土地纠纷调解模拟、社区突发事件应急处置模拟等；让基层干部在模拟情景中扮演不同角色，通过实际操作和互动演练，提升应对复杂问题的能力。例如，在农村土地纠纷调解模拟中，设置农民、村干部、土地管理部门工作人员等角色，模拟土地流转过程中出现的矛盾纠纷，基层干部通过角色扮演，运用所学知识和技巧进行调解处理。同时，深入挖掘和开发具有代表性的基层工作案例，将案例教学贯穿培训始终。组织基层干部对案例进行深入分析、讨论，引导他们从不同角度思考问题、提出解决方案，并邀请案例当事人或相关专家进行点评总结，使基层干部在案例学习中积累经验、提高解决实际问题的能力。

3. 行动学习法推广

采用行动学习法组织基层干部培训，以实际工作中的问题或项目为导向，组建学习小组。小组成员来自不同地区、不同岗位，具有不同的知识背景和工作经验。例如，针对某县多个乡镇在乡村振兴进程中面临的乡村旅游发展滞后的问题，成立行动学习小组，成员包括乡镇干部，旅游部门、农业农村部门、交通部门的人员等。在培训过程中，小组成员共同对问题进行深入调研、分析诊断，制定解决方案，并在实际工作中实施和验证。培训过程中，定期组织小组汇报、交流和反思，不断调整优化解决方案。通过行动学习法，使基层干部在解决实际问题的过程中学习知识、提升能力，同时促进不同地区基层工作经验的交流与共享。

（五）强化培训管理与评估

1. 科学规划培训管理流程

制定完善的培训管理流程，从培训计划制订、培训组织实施到培训效果评估，每个环节都明确具体的工作标准和操作规范。在培训计划制订环节，充分结合基层干部培训需求调研结果、组织发展战略以及培训资源状况，制订科学合理的培训计划，包括培训目标、培训内容、培训方式、培训时间、培训师资等详细规划。培训组织实施过程中，严格按照计划执行，做好培训场地布置、教学设备调试、培训资料发放、学员考勤管理等工作，确保培训顺利进行。同时，建立培训过程监控机制，及时发现和解决培训过程中出现的问题，如学员满意度下降、教学进度偏差等，保障培训质量。

2. 建立全方位培训评估体系

构建包括培训前评估、培训中评估和培训后评估在内的全方位评估体系。培训前评估主要对基层干部的知识水平、技能状况、培训需求等进行摸底测试，以便为培训内容设计和培训方式选择提供依据；培训中评估重点关注培训过程中的教学质量、学员参与度、学习氛围等，通过课堂观察、学员反馈、教师自评等方式，及时调整培训策略，优化培训过程；培训后评估采用多元化评估指标，不仅考核基层干部的理论知识掌握程度，更注重评估其在实际工作中的能力提升、工作绩效改善以及对组织发展的贡献。例如，通过对比培训前后基层干部所在地区或部门的工作指标变化，如农村经济增长数据、群众满意度提升情况等，来评估培训的实际效果。同时，采用多种评估方法，如考试、论文撰写、实践操作考核、案例分析报告、360 度评价等，全面客观地评估培训效果。

3. **有效运用培训评估结果**

建立培训评估结果反馈机制，将评估结果及时反馈给培训机构、培训师资和基层干部本人。培训机构和培训师资可根据评估结果总结经验教训，改进培训课程设计、教学方法应用等方面存在的不足，不断提升培训质量；对于基层干部，可将评估结果与其个人绩效考核、职业发展挂钩，激励他们积极参与培训学习，增强培训效果。例如，将培训考核优秀的基层干部纳入后备干部人才库，优先给予晋升机会；对培训效果不佳的干部，要求其参加补考或重新参加培训。同时，将培训评估结果作为培训资源分配的重要依据，对培训效果好的项目加大投入，对效果不佳的项目进行优化调整或淘汰，提高培训资源的利用效率。

三、提高基层干部的专业能力，增强服务群众工作本领

党的二十大报告强调领导干部要增强服务群众工作本领。“工欲善其事，必先利其器。”基层干部只有具备足够的服务群众工作本领，才能获得人民群众的拥护，才能更好地推行基层政府政策，才能有利于乡村振兴战略的发展。在新形势下，基层任务艰巨，不断出现各种新情况和新问题，基层治理的老办法有些已经不合时宜，一些干

部出现了“本领恐慌”。因此，基层干部都要增强学习的主动性，提升学习力，将理论学习与实践工作有机结合。

一是学习掌握服务群众基本技能。基层干部要掌握适合农村工作特点的技能，增强为民服务意识，提升服务群众工作本领，不仅仅要提升专业素养，还要查缺补漏，结合自身短板，加强对基层工作本领相关技能的学习。深入群众，增强与群众沟通协调的能力，了解群众的需求，尽己所能满足群众的合理需求。加强综合知识学习，提升基层干部对政治、经济、法律、管理等多学科领域知识的了解，满足基层的复合型人才需求。

二是全心全意服务群众。为群众解难事、办好事是基层干部最根本的工作。考察一个干部服务群众的能力水平，主要看其为群众做了什么、在哪些方面提供了服务，最终群众对服务是否满意。基层干部要始终坚持全心全意服务人民的思想和意识，坚持一切服务工作都以群众实际需求为出发点，切实抓住群众最关心的问题和诉求，以强烈的责任意识和切实有效的行动解决好群众急难愁盼的问题。

三是不断提升服务的质量和效率。做基层群众工作，不仅满足于做了，还要确保做对、做好，这是对基层干部提出的更高要求。随着经济社会发展，人民对美好生活的向往不仅仅是生存，更是高质量的生活水平。基层干部是否为群众提供高质量的服务，体现为提供服务的效果，是否在符合上级要求的同时切实解决了群众的问题，甚至提供的服务超出群众的预期。同时，高质量的群众服务工作不能消耗基层政府过多的资源，更不能耗费群众太多的时间和精力，要按照“尽力而为，量力而行”的原则。具体来说，基层干部要着力提高以下几种能力：

（一）提高基层干部的应急处突能力

在基层工作中处理突发紧急事件的能力是基层干部必备的技能之一。随着经济社会发展，基层矛盾不断显现，其危害较大、影响较广，给基层治理和乡村振兴发展带来巨大的挑战。新时代，如何提升基层干部的应急处突能力迫在眉睫。“明者防祸于未萌，智者图患于将来。”一些工作不能等发生了才去考虑如何解决，尤其是遇到突发事件时，往往没有足够的时间去思考，需要依靠平时积累的知识和经验。

1. 在培训和实践中积累应急管理的相关知识和经验

在教育培训中应该充分展示典型的案例，让干部作为重要的参考。要避免侥幸心理，不能认为一些事情不会发生，就不去了解，不做防备。此外，要多积累实践经验。除了在培训课堂通过应急模拟演练学习外，平时遇到类似事件都要多一个心眼，把一些基本的流程熟记于心，思则有备，有备则无患。常思考、多实践，未雨绸缪才能做到遇事不慌，临危不惧。基层干部的责任重于泰山，基层的突发情况往往关乎基层社会的稳定发展和人民生活安危，基层干部只有心中有了强烈的责任意识，把人民群众的安危和利益作为自身工作的目标，遇到问题的时候做到换位思考，理解群众的需要和情绪状态，保持平和的心态和掌握良好的处理技巧，才能应对复杂局面，防范化解重大风险。

2. 提高全情景、多灾种的应急协作本领

现场指挥能力是指根据现场突发事件的性质、场景、紧急程度、严重性等情况随机应变，并开展应急处置的能力。有些突发事件是常见的，基层干部就可以按照公共安全职能和经验判断，协调相关资源

和力量进行应对。如果是发生在特殊场景的突发事件，而且危险系数等级较高，基层干部必须以最快速度启动响应，把人民群众的生命安危作为第一判断要素，果断采取应对措施，并及时上报灾情和寻求支援。总之，群众突发事件无小事，要引起高度重视，防止事态蔓延恶化，确保响应及时、配合协调、运转高效的应急处突模式。

3. 防患于未然，消除安全隐患

突发事件多数是可以避免的，只要日常做好群众工作，及时和群众沟通就可以在事情出现苗头的时候及时熄灭。所以，有些基础性的工作要做扎实，要提前做好准备工作。例如，一些看似不可避免的天灾，在某些特定气候变化的时候就要做好预防措施，提前疏散群众，提前加固房屋和基础设施等。基层干部日常要主动和群众沟通交流，从中发现群众可能产生的一些不满情绪，通过耐心专业的帮助，赢得群众的理解。对于一些暂时无法解决的困难，也要让群众理解政府的难处，并主动和有关部门及领导沟通协商提出解决方案。应急处突的理想状态是实现“三无”标准，即“无急可应”“无险可救”“无灾可赈”，这就需要基层干部在日常工作中尽全力做好本职工作，同时提高对风险的预判能力。

4. 及时反思，提高应急处置善后的能力

如果突发事件已经发生，基层干部必须直面问题，不能回避，更不能推卸责任。要在应急处置后及时反思，吸取经验教训。突发事件处置后，重要的不是去解释现象，而是去分析问题的原因，更重要的是思考如何避免此类事故再次发生。此外，要及时回应社会关切、稳定群众情绪。例如，通过新闻发布会或者各种媒体渠道，实事求是向群众说明事情的情况，不隐瞒，不推卸责任，防止事态恶化，赢得群众的信任。在必要的时候通过相关物质保障和精神援助，补偿群众损

失，安抚群众的情绪。

（二）提高基层干部的沟通协调能力

1. 坚持优化协同高效

习近平总书记指出："改革越深入，越要注意协同，既抓改革方案协同，也抓改革落实协同，更抓改革效果协同。"[1] 基层各种行政事务庞大复杂，许多工作往往不是一个人就可以完成的，需要发挥集体协作的力量，打破"信息孤岛"和"资源壁垒"，各方相互配合，同频共振。习近平总书记强调："懂团结是真聪明，会团结是真本领。"[2] 基层政府要齐心协力，形成整体合力，共同面对基层的各项艰难任务。基层干部的专业背景、性格特点、工作方式都可能不一样，这个时候要学会求同存异，大家要本着"人民满意"的原则，按照"高效执行"的目标，把各项基层工作落实好。执行各部门有分工，当然就要有合作。各个部门要防止各自为政，不能只考虑本部门甚至个人的利益得失，要有大局观念，不计较个人得失，有团队协作意识，形成优势互补，愿意与他人共享信息和经验，努力打造高效的执行团队。

2. 强化政府间的有效沟通，扫除执行过程中的各种障碍

古语有言："言能听，道乃进。"能听得进不同的声音，是干部修身立德的关键；尤其是懂得倾听群众的呼声，汲取群众的智慧，为科学决策和畅通执行打下良好的基础。毛泽东同志指出："我们都是从五湖四海汇集拢来的，我们不仅要善于团结和自己意见相同的同

---

〔1〕《习近平谈治国理政》（第2卷），外文出版社2017年版，第109页。

〔2〕习近平：《干在实处　走在前列——推进浙江新发展的思考与实践》，中共中央党校出版社2006年版，第552页。

志，而且要善于团结和自己意见不同的同志一道工作。”[1] 多数工作的矛盾都可以通过有效沟通进行化解，尤其是基层政府在处理群众纠纷时，沟通往往是解决问题的关键所在。在乡村振兴战略实施过程中，政策的宣传和介绍需要基层政府工作人员具备良好的沟通能力和服务意识，为不同的基层群众进行答疑解惑。

3. 降低沟通的漏斗效应

政府部门在沟通中容易出现信息传递的衰减，原本要传达的信息为100%，但是限于信息传递方式等因素的影响可能只传递了80%，信息接收者可能受干扰只接收到60%的内容，由于理解能力的不同，可能只理解了其中40%的信息，到了落实的时候由于执行能力不足，最后只完成了20%的任务。因此，为了降低沟通中的漏斗效应：第一，应尽可能减少沟通的层级，确保信息直接传达到相关部门和人员。第二，要及时反馈接收到的信息，对于不理解的内容要反复多次沟通，以确保目标方向不跑偏，达成共识，防止执行出现偏差。第三，沟通的方式，除了口头沟通，还可以结合即时通信工具，如常用的微信、短信沟通，以及传统的文件、邮件等沟通。文字信息可以保留、回看，减少口头沟通的传递遗忘。第四，注意沟通的姿态，信息传递者哪怕是层级较高的领导，也要注意沟通的语气和态度，多倾听下属和群众的声音，避免只说不听，命令式的沟通。第五，考虑沟通对象的理解能力和状态。每个人的理解能力是不同的，沟通时如果只是站在自己的角度看问题，忽略对方的理解能力和感受，容易出现理解不到位和无法产生共情的情况，导致沟通失效。例如，沟通对象在情绪低落、身体不适，或者有着急的事情要处理的时

---

〔1〕《党委会的工作方法》，载《毛泽东选集》（第4卷），人民出版社1991年版，第1443页。

候，就不适合继续沟通，应该另找时机。第六，要注意耐心倾听，沟通不仅是信息的传递，也包括倾听。信息传递只是沟通的一个方面，倾听者是否有回应，怎么回应都会影响倾听的效果。倾听者要耐心倾听，不轻易打断对方，这是最基本的礼貌和尊重，也是为了确保完整准确领会对方的意思，防止断章取义，误解对方。倾听要有回应：可以是语言上的回应，对对方传递的信息表达理解和认同，或者是对产生异议的地方进行商讨；也可以是肢体语言上的回应，如点头、微笑、凝视等，这些表情的传递，有助于沟通双方更好地达成共识。

（三）提高基层干部的法治思维能力

习近平总书记强调："治理一个国家、一个社会，关键是要立规矩、讲规矩、守规矩。法律是治国理政最大最重要的规矩。"[1] 我国始终坚持依法治国的根本方略，以建设社会主义法治国家为基本目标。基层政府干部必须依法行政，在实施行政管理的过程中，必须按照公平、公正、公开的基本要求，排除人为因素的干扰，秉公办事。尤其在乡镇基层，中国乡土人情随处可以感受到，给基层干部依法行政带来巨大的考验。此时，基层干部必须坚持原则和立场，实事求是，铁面无私，不包庇任何违法违规行为，严格履行法定职责。

一是增强法治认同。"法律必须被信仰，否则它将形同虚设。"[2] 只有内心坚定对法律的信仰，才能维护法律的权威，作出符合法律规范的行为。作为服务广大群众的基层干部，应该更加自觉遵守法律法规，维护法律的权威，将法治观念根植于心。二是培育法治思维。知

---

[1] 中共中央纪律检查委员会、中共中央文献研究室编：《习近平关于党风廉政建设和反腐败斗争论述摘编》，中央文献出版社、中国方正出版社2015年版。

[2] ［美］哈罗德·J. 伯尔曼：《法律与宗教》，梁治平译，中国政法大学出版社2003年版，第3页。

法是守法的基本前提，也是基层干部实现依法治理的关键。要通过科学有效的教育培训，加深基层干部对法律、法规的理解。基层干部应掌握基本法律常识，并根据实际工作需要，有针对性地学习相关法律知识，从而实现熟练运用法律知识开展基层工作。三是改善法治环境。让基层干部从内心接受法律约束，规范自身的行为。要以民主的方式进一步完善法律体系，让广大人民群众有机会参与到法律的制定与修改中。还要做好法律知识的宣传工作，让更多人知法、懂法，在自觉接受法律的监督的同时，能有效运用法律武器维护自身的利益。具体来说，要从以下几个方面入手：

1. 加强法治教育培训

（1）完善培训体系。建立健全基层干部法治培训的长效机制，制定系统的培训规划和课程体系。将法治培训纳入基层干部的常规培训内容，明确培训的目标、内容、方式和考核标准。例如，规定基层干部每年必须参加不少于一定学时的法治培训课程，培训内容涵盖宪法、行政法、民法、刑法等基本法律以及与基层工作密切相关的专业法律法规。

（2）丰富培训内容。根据基层干部的工作实际和需求，有针对性地设置培训内容。除了法律基础知识的讲解外，还应注重培养干部的法律应用能力和法治实践技能。通过系统的党课培训和多样化的方式，用身边的案例、典型的案例以案释法，形成一定的震慑和警示作用，促使干部将法律知识转化为行动自觉。例如，选取基层常见的法律案例，组织基层干部进行讨论和分析，让他们在实际案例中学习如何运用法律思维和法律方法解决问题；举办模拟法庭活动，让基层干部亲身体验法律诉讼的程序和过程，提高他们的证据意识、程序意识和法律辩论能力。

（3）创新培训方式。采用多样化的培训方式，提高法治培训的效果和吸引力。除了传统的课堂讲授外，还可以利用现代信息技术开展线上培训，方便基层干部随时随地学习。例如，开发专门的法治培训手机应用程序，提供在线视频讲座、法律知识测试、互动交流论坛等功能，让基层干部可以利用碎片化时间进行学习和交流。此外，组织基层干部到法治建设先进地区进行实地考察学习，借鉴他们的成功经验和做法，拓宽基层干部的视野和思路。

2. 完善制度建设

（1）建立法治考核机制。将法治思维能力纳入基层干部的绩效考核体系，制定科学合理的考核指标和评价标准。考核内容可以包括基层干部的法律知识水平、依法决策能力、执法规范程度、法治宣传教育成效等方面。例如，通过法律知识考试、案例分析测评、工作绩效评估等方式，对基层干部的法治思维能力进行综合考核，并将考核结果与基层干部的晋升、奖励、问责等挂钩。对法治思维能力强、依法履职表现突出的基层干部给予表彰和奖励，对法治观念淡薄、违法违规行为频发的基层干部进行严肃问责，形成以法治为导向的用人机制。

（2）健全依法决策制度。完善基层政府的依法决策程序和机制，确保决策的合法性和科学性。明确重大行政决策必须经过公众参与、专家论证、风险评估、合法性审查和集体决策等法定程序。例如，在制定涉及民生的重大政策或项目建设决策时，要通过召开听证会、征求意见会等方式广泛听取社会公众的意见和建议；组织相关领域的专家学者进行论证和评估，对决策可能带来的风险和影响进行全面分析；由法制部门对决策事项进行合法性审查，确保决策符合法律法规的规定；最后由领导班子集体讨论决定，避免个人独断专行。通过健全依法决策制度，促使基层干部在决策过程中自觉运用法治思维，提高决策的质量和水平。

(3) 强化执法监督制度。加强对基层政府执法行为的监督和制约，建立健全内部监督与外部监督相结合的执法监督体系。内部监督方面，加强法制部门对执法部门的监督检查，定期对执法案件进行评查，及时发现和纠正执法过程中的违法违规行为。例如，法制部门可以每月对行政执法部门的行政处罚案件、行政许可案件等进行抽查，检查执法程序是否合法、证据是否充分、法律适用是否准确等，并将评查结果进行通报。外部监督方面，充分发挥人大监督、政协监督、司法监督、社会监督和舆论监督的作用。例如，人大可以通过执法检查、听取工作报告等方式对基层政府执法工作进行监督；政协可以通过提案、民主监督等形式对执法工作提出意见和建议；司法机关可以通过行政诉讼、行政复议等途径对执法行为进行监督和审查；社会公众可以通过投诉举报、信访等方式对执法不公、执法违法等行为进行监督；新闻媒体可以对执法热点问题进行曝光和跟踪报道，形成强大的舆论压力，促使基层干部规范执法行为，提高执法水平。

3. 营造法治文化氛围

(1) 加强法治宣传教育。加大基层法治宣传教育的力度和广度，创新宣传教育形式和载体，提高法治宣传教育的实效性。利用广播、电视、报纸、网络等媒体平台，广泛宣传法律法规知识和法治建设成果。例如，在基层电视台开设法治专栏节目，定期播放法治宣传片、法律讲座、案例分析等内容；在报纸上开辟法治专版，刊登法律法规解读、法治人物事迹、法治热点评论等文章；在网络上建立法治宣传网站和社交媒体账号，及时发布法治信息，开展线上法治互动活动，如法律知识问答、法治征文比赛等，吸引广大基层民众参与。同时，结合基层实际，开展形式多样的法治宣传教育活动，如“法律进乡村”“法律进社区”“法律进学校”“法律进企业”等活动，通过发放法律宣传资料、举办法律知识讲座、开展法律咨询服务等方式，将法治宣传教育深入到基层的各个角落，提高基层民众的法律意识和法治观念，为基层政府干部营造良好的法治文化氛围。

（2）打造法治文化阵地。在基层建设一批具有特色的法治文化阵地，如法治文化公园、法治文化广场、法治文化长廊等。这些法治文化阵地可以通过设置法治雕塑、法治宣传栏、法治文化墙、法治名人名言等景观设施，将法治文化元素融入基层的公共空间中，使基层民众在日常生活中潜移默化地接受法治文化的熏陶。打造法治文化阵地，不仅可以丰富基层民众的精神文化生活，也可以增强基层干部的法治文化认同感和归属感，促进其法治思维能力的提升。

（3）领导干部带头示范。基层政府领导干部要以身作则，带头学习法律知识、遵守法律法规、运用法治思维处理问题，发挥模范带头作用。领导干部的法治行为和法治态度对基层干部具有重要的示范引领作用。例如，在处理行政事务时，领导干部要严格按照法定程序进行决策和指挥，不搞特权、不徇私情；在面对矛盾纠纷时，要依法依规进行调解和处理，不偏袒任何一方；在日常工作和生活中，要自觉遵守法律法规，做到言行一致。领导干部带头示范，带动整个基层干部队伍形成尊法、学法、守法、用法的良好风气，营造浓厚的法治文化氛围，推动基层干部法治思维能力全面提升。

（四）提高基层干部的创新思维能力

抓创新就是抓未来，谋创新就是谋发展。当下，基层工作面临着前所未有的复杂局面。一方面，社会快速发展，新问题、新挑战层出不穷，群众需求日益多元化；另一方面，基层干部作为政策落实“最后一公里”的执行者，其创新意识的高低，直接关系到工作成效与群众满意度。乡村振兴战略是国家的总体方向性目标，各个地方应结合本地实际情况发挥自身优势和特色，不应该简单模仿照抄。在具体基层政府执行过程中也要创新工作方式方法，提高执行效率。在执行过程中要避免墨守成规、定式思维、故步自封，要在遵循基本原则的基础上，不断探索创新工作的思路方法，不断优化执行方法。工作要上新台阶，要与时俱进，打开工作思路，开阔视野。社会的发展进步离不开创新，乡村振兴发展需要基层干部积极思考，勇于探索，敢为人先，在乡村振兴这个舞台打开事业发展的新天地。

1. 要有旺盛的求知欲

面对不断涌现的新兴技术，其新动向和发展趋势如何，都将影响社会的发展，改变人们的生活方式和思维方式，也必将产生新的矛盾和问题。此时，基层干部若对此毫无激情，停滞不前，缺乏必要的求知欲，也就无法处理好新问题。对于当前的各种新知识，例如大数据、人工智能、区块链等，都要关注和了解，只有不断与时俱进才能满足时代发展要求，防止出现新办法不会用，老办法不管用的问题。另外，创新有赖于广阔的知识面。创新思维不是“拍脑袋”决策，也不是天马行空地胡乱猜想。有效的创新是基于丰富的知识基础之上的，是对原有知识的重构。知识积累越是丰富，各个要素之间发生创造性联结的可能性也就越大，从而有助于创新思维的形成。

2. 要有创新的意识

现实中部分基层干部创新意识不足，习惯于遵循旧有模式，面对新情况时往往束手无策，难以找到有效的解决办法。这不仅阻碍了基层工作的推进，也在一定程度上影响了政府公信力。有些干部不是创新思维不足，而是不敢创新、不愿创新。创新是需要勇气的，不仅要花费大量的精力和时间，而且增加了出错的风险。由于当前容错机制还不够细化，对于干部创意进取而可能出现的失误还没有十分明确的容错方式。同时，由于缺乏对创新成果的激励，一些干部产生了“多一事不如少一事”的想法，形成了“只要不出事，宁可不干事”的消极心态。

因此，建立容错机制至关重要。明确界定容错范围，对干部在改革创新、先行先试中因非主观故意出现的失误予以宽容。提升基层干部创新意识是一项系统且紧迫的任务。面对复杂多变的基层发展格局，唯有创新方能破局开路，为基层发展注入澎湃动力。各级政府、组织应协同发力，从培训、实践、激励等多维度为干部创新搭建舞台。例如，设立创新专项奖项，对在工作中有突出创新成果的干部给予物质奖励；在晋升评优时，同等条件下优先考虑创新能力强、成果显著者。同时，通过内部刊物、表彰大会等形式，广泛宣传创新典型事迹，营造“人人想创新、个个敢创新”的浓厚氛围，全方位激发基层干部的创新热情与活力。此外，创新不意味着盲目另起炉灶，改旗易帜。过去好的经验做法，获得群众认可的，完全可以保留。但是，一些陈旧做法，已经出现问题的，需要打破思维定式，克服惰性，勇于革故鼎新，积极开辟新的赛道。

3. 培养创新思维

创新是对原有思维方式的突破，过去的知识和经验可能成为阻碍，导致定式思维。因此，创新要避免经验主义，创新过程中不能过度依赖过往的经验，要跳出原有的思维方式。例如，比较常用的逆向思维，就是当正向思维无法解决问题时进行反向思考，这样就可能解决问题。有时候单一的思维方式不能解决问题，需要通过多维角度去考虑，整合资源重新形成完全新的解决问题的方法，这就是发散思维，也叫辐射思维。创新还要避免教条主义，创新要符合客观实际，实事求是开展工作。思维方式不要只停留在一种模式当中，一种思路行不通的时候不要钻牛角尖，可以从其他几个方向去思考问题，需要一定的灵活性和想象力，跳出常规的思考方式，打破僵化的思维。创新没有一个固定的模式，只能在不断学习、实践、试错、总结经验和思考中不断去寻找新的方法。创新的过程充满了挑战，试错的成本比较高，尤其对个人的耐心和毅力考验更大。创新有失败的可能，但如果因为害怕失败就不创新，社会也就不会进步发展。要克服创新过程中的恐惧心理，直面创新的结果，只有这样才有获得成功的可能性。

（五）提高基层干部的基层治理能力

进入新时代，必须进一步健全社会主义民主法治、完善国家行政体系、提高社会治理特别是基层治理水平、健全防范化解重大风险体制机制等，不断提升国家治理效能。

1. 树立正确的行政理念

思想是行动的先导，正确的思想会引导产生恰当的行为。“正人先正己”，基层政府要想取得民众的信任：一方面，必须确保基层政府自身行为符合基本行政伦理规范和行政纪律。想要真正提高基层政府的履职能力，必须转变传统的行政理念，通过提供优质、充足的公共服务，切实提高公共服务供给能力。为了实现乡村振兴战略目标和国家高质量发展目标的统一，乡村社会需要同步推进多项目标任务。有学者提出了中心工作机制，该机制具有两个基本特征：“一是明确中心工作是不计代价都要完成的工作；二是中心工作基本都是由各级党委政府一把手主抓。"[1] 在该机制下，地方政府职能部门作为牵头部门负责基层各项工作的推进与落实，并突出强调对基层的签订责任状、监督检查、强化问责等严厉的惩戒措施，促进将国家权力变成推动地方政府执行的压力，实现中央和地方双重目标的实现。

另一方面，要以人为本，坚持"国之大者"。基层政府要有大局意识，关注党和国家发展重心，同时担负起服务基层群众的职责。党的十八大以来，党和国家出台了大量的惠民政策，确保发展成果由全体人民共享。进入新时代，迈进新征程，我们更要继续坚持以人民为中心的发展思想，为实现共同富裕的目标不断奋斗。当前，我国社会主要矛盾已经转化，我们必须提出更符合时代特点和更有效的政策措施，狠抓落实，担当实干，努力解决发展不平衡不充分的问题。通过发展全过程人民民主，健全社会主义民主法治，发挥政府重要作用，提供更优质的公共服务，不断增强人民群众的获得感、幸福感、安全感。

2. 明确基层政府的角色定位

基层政府角色定位不清，职能履行缺失是当前基层政府执行力弱化的原因之一。部分基层政府未能解决关系群众切身利益的问题，导致信访总量增加，引发大量冲突剧烈的群体性事件。因此，为了解决这个问题：首先，基层政府要找准自身定位，进一步根据角色和定位不断优化职能，划清权限范围，重塑基层政府公信力。其次，要明确基层政府具体管理权限。长期以来，基层政府深受传统管理方式影响，认为自己是全能政府，现实却相反，传统的"全能政府"的管理方式已经不适用于新时代的基层。同时，当基层政府无法胜任一些

[1] 杨华、袁松：《中心工作模式与县域党政体制的运行逻辑——基于江西省 D 县调查》，载《公共管理学报》2018 年第 1 期。

任务的时候，可以将部分业务外包，选择那些信誉度高，专业性强的第三方。在这个外包的过程中，基层政府还要明确“有限政府”理念和内涵，明确自身的权限，以高水平的自我管理建设成高质量的服务型政府。最后，要明确基层政府职能重心。在新形势下，为满足多元化的公众需求，基层政府也要提供更高质量、更多样化和差异化的服务。党的十六大报告提出将“公共服务”作为政府职能之一，党的十九大报告提出“完善公共服务体系……不断满足人民日益增长的美好生活需要”。但是，基层政府的资源、精力和能力也是有限的，必须通过明确基层政府职能的重心，优先解决基层群众最亟须解决的问题。

3. 提高基层政府的制度执行力

制度的生命力在于执行，政府的行政能力体现为制度的执行能力。制度本身的科学性对执行有较大的影响，但是再好的制度离开了执行，也是空谈。提高制度执行力：一要正确认识制度的真谛。制度是约束人们行为的规范，必须心怀敬畏之心，坚定不移地遵守，做到令行禁止。制度面前人人平等，任何人都不能凌驾于制度之上。制度是一种契约，任何人都要遵守这个契约，必须一丝不苟按照契约所规定的条款执行，不得违背。二要深刻把握制度的重要性。“不以规矩，不能成方圆。”制度是保证干部安全的“斑马线”。正如马克思所指出的：“法典就是人民自由的圣经。”制度就是法典，给人们指明了方向，约束了行为，也是人们获得自由的前提。三要遵守并执行制度。正如孔子所言，“始吾于人也，听其言而信其行。今吾于人也，听其言而观其行”。干部要不断地用制度来约束言行，修炼自我。政府工作人员要认真学习相关文件，领会制度的内涵和实质，并内化为行动的自觉性，培养制度意识，要把雷厉风行与久久为功相结合。

4. 推进“数字政府”建设

基层政府要积极响应党和国家提出的打造智慧社会、数字中国的战略部署，加强基层治理的数字化水平，持续加大电子政务建设力度。要立足全局和长远发展，统筹设计规划电子政务建设的整体构架，以市场需求为导向，按照中央的要求，把推进电子政务建设与深化行政管理体制改革相结合，使公众需求与政府规划相统一，提高信息技术手段在政府行政管理中的应用水平。向群众提供差异化服务，充分将信息技术运用到政府管理中，提高基层治理的针对性和实效性。可以多借鉴发达地区“数字政府”建设的经验，不断改进和完善政务信息化建设，革新管理制度、运作方式，结合基层治理的传统优势与现代信息技术，使用和推广群众愿意参与的信息网络互动平台。

5. 提高政府回应公众诉求的速度和质量

政府治理是国家治理活动的核心内容，而政府的回应性是现代政府的必备特质。近年来，公众的民主意识不断觉醒并提高，政府不仅需要重视公众的诉求，更要主动“回应”，及时反馈结果，将主动回应当成政府治理的一种重要方式。转型期社会结构变化，不同利益主体都想维护自身利益并争取更多的权益，虽然他们在表达诉求方面有很强的愿望，但是却非常缺乏表达诉求、反馈意见和提供建议的合法渠道。同时，基层政府也缺乏搜集意见建议的平台和渠道，导致回应群众诉求滞后，甚至不予回应。相较于不能及时回应公众诉求的政府，公民更愿意相信具有回应性的政府。及时回应能体现政府的行政效率，也能体现政府对群众诉求的重视。

在大力推进国家治理体系和治理能力现代化建设的背景下，政府回应不仅是政治权力与公民权利沟通的渠道，更体现了政府的责任理念。[1] 与社会公众充分沟通交流，积极关注和回应社会关切是“回应型政府”主动担当作为的表现。在政府治理过程中，政府应严格遵守契约精神，坚持“以人民为中心”的服务理念，及时解决公共问题，建立和完善回应公众诉求的体制机制，及时将公众诉求转化为公共政策，以争取得到社会公众对政府的支持与信任。

（六）提高基层干部的调查研究能力

毛泽东同志指出，“没有调查，没有发言权。”习近平总书记强调，“调查研究是我们党的传家宝”“没有调查就没有决策权”。调查研究是了解基层群众心声的重要途径，也是科学制定政策的必要前提。为获得基层群众对基层政府的支持，必须充分掌握公众的需求，这是公共服务供给工作的起点；对需求的有效识别成为公共服务供给的前提。[2] 因此，必须加强对基层的调查研究，使政策出台更符合基层实际，从而有利于因地制宜推进各项工作。调查研究就要真调查，不能出现“钦差式”的调研、“被动式”的调研、“蜻蜓点水式”的调研、“表演式”的调研等形式主义作风。调查研究必须深入田间地头、车间码头，不是为调研而调研，也不是为了露露脸、出镜头，而是深入基层、深入群众，实实在在地发现基层问题，倾听群众心声，出台更符合基层实际的政策。

此外，不同个体的公共服务需求差异较大，为满足差异化需求可以建立“需求导向型”的公共服务供给模式。可以建立公众需求的

---

〔1〕 张欧阳：《政府回应：政府公信力产生机制的“供给侧”》，载《江汉论坛》2017 年第 4 期。

〔2〕 叶继红、汪宇：《新时代背景下公共服务供给侧改革路径探析——以苏州市为例》，载《行政论坛》2018 年第 3 期。

识别和反馈机制，出现问题可及时控制和调整，保障供需平衡。同时，基层政府还要不断拓宽渠道，用互联网技术和大数据赋能群众表达公共服务诉求，高效收集和采集民意，及时回应公众需求。

习近平总书记常强调，把基层跑遍、跑透了，我们的本领就会大起来。只有深入了解基层，才能深入了解群众、了解实际问题，才能找到解决问题的思路。同时，调查研究也是践行群众路线的基本要求，向群众学习智慧，提高服务群众的本领，即做到从群众中来，到群众中去。一些领导干部为调查研究找各种借口，有的是因为工作太忙了，没时间调研；有的认为没有必要亲自调研，看看一些文件材料就够了；还有的是盲目自信，认为自己对基层情况已经有所了解，没有必要专门调研。同时，一些干部在基层调研时走形式、走过场，走马观花，没有思考、没有研究，调研只是为了露露脸、出镜头。这些调研不仅没有发现问题、解决问题，也没有任何实质性的收获。基层干部必须始终牢记调研的目的是发现真问题，解决真困难，而不是为调研而调研。具体来说，调查研究要注意以下几个方面。

1. 调研之前要做好充分的准备

调研之前对调研的方向、主题、问题等都要思考清楚，并提前做好方案，明确调研目的和安排计划。前期了解一些相关信息，提出需要重点关注的问题，可以提高调研的针对性和效率。尤其要结合当前的热点问题，党中央关心关注的问题进行发掘，制定调研的方案，包括明确调研的主题、提出调研的问题、选择调研的对象、参加调研的成员构成、调研的方式等，要按照“围绕中心，服务大局”的要求进行准备。

2. 实事求是开展调研

调研不要提前定调子，预设好结论，否则就会影响调研的准确性。在调研过程中必须坚持实事求是原则，从客观实际出发，从严谨的调研中得出科学的结论。有时候，在调研时可能出现一些与原来的预设和理解有出入的地方，这些不应该被忽略，反而应该更加细致地分析和更全面地进行调研，或许发现的新情况、新结论将有助于解决矛盾和问题。调查研究不能只去那些路好走、景好看、有熟人帮忙的地方；一些矛盾突出、问题典型的地方，即使路途遥远、偏僻，也要去调研，否则调研获得的情况就不够全面，不够真实。调研的过程还可能出现各种障碍，例如有些地方的调查对象没有时间配合调研，有时候和群众交流会有沟通的障碍等，对于这些可能出现的情况要提前做好协调和应对准备。

3. 调研应使用多种方式

调查研究不应仅限于座谈交流，虽然座谈是一种十分重要的调研方式，能够较快地了解实际情况，但是座谈存在人为因素的影响，一些同志可能有所顾虑而隐瞒一些实情，或者侧重强调其认为重要的信息。所以在座谈交流的时候，如何与被调研对象进行沟通交流，让其放下思想包袱，客观反映事实就显得尤为重要。除了座谈交流，还可以采取实地查看、问卷调查、亲身体验等方式。不要仅仅看材料、台账，因为一些情况只有多维度了解才能更全面掌握。例如问卷调查，现在有了网络的帮助，可以十分便捷地进行问卷发放和收集统计，但是有些被调查对象填写问卷的积极性并不高，往往为完成任务而敷衍应付，导致问卷无效。同时，问卷内容本身的设计是否科学合理，也会影响调查的结果。

4. 调查研究的时候要带着感情

调查研究不应该只是机械地按照流程走一遍，像是为了完成任务；而要带着对群众的关心、对群众的热爱去调研。所以，在调研时要扑下身子，走到田间地头，不能只满足于在办公室问问干部，躲在室内看看材料。只有心中充满着对基层的情感，调研才是有温度的。和基层群众交流的时候要学会换位思考，从基层群众感兴趣的话题入手，再慢慢引导其真实反映当前存在的问题和希望解决的诉求。领导干部要放低姿态，用平和的语气和朴素的语言与群众打交道，避免出现官僚主义作风。

5. 调研后的分析与总结

调研时要随时记录对调研主题有用的关键信息，利用照片和文字记录重点内容。调研结束后，回收调研问卷，进行相关的统计分析。同时，要对座谈交流的问题进行整理，结合现场观察和问卷分析等相关材料进行深刻全面的分析，找到普遍存在的典型问题，把握关键信息。在此基础上，经过大家的充分交流讨论，运用一些专业理论进行分析论证，寻求解决问题的办法，提出具有针对性和可行性的对策建议。

（七）提高基层干部的团队合作能力

没有完美的个人，但是可以有完美的团队。正如恩格斯指出的，“我们必须把我们的一切力量捏在一起，并使这些力量集中在同一个攻击点上”[1]。政府执行力的高低，不仅取决于单个干部的能力高低，更是团队凝聚力的体现。高效的政府执行力一定不是单打独斗、各自为政，而是优势互补。组织成员在性格、专业、能力、喜好等方面存在差异是十分正常的。但是在一个团队中，大家是否能够为了共同的目标而团结奋斗决定了团队的效能。政府执行力不高，往往不是

[1] 中共中央马克思恩格斯列宁斯大林著作编译局编译：《马克思恩格斯文集》（第10卷），人民出版社2009年版，第375页。

因为个体能力不强，而是团队成员不能够互相包容、相互促进，可能存在推诿扯皮、勾心斗角等问题。尤其是部分干部过多考虑个人得失、斤斤计较，眼里只有自己的利益得失，缺少团队协作的意识，成员之间不是相互补台，而是拆台，制造团队不和谐的因素，破坏了团队的凝聚力，导致执行力缺失。

政府各部门之间的协作沟通尤其重要，无论是跨部门还是跨层级的沟通协作都会影响政府整体效能。要避免政府管理中的“碎片化”现象，打造“整体政府”。“碎片化”的政府管理表现为政府组织过多考虑自身利益，而忽略了整体功能的发挥，形成政府组织间的横向阻隔与孤立竞争，导致大量碎片产生，如功能碎片化、认知碎片化、资源与权力分布碎片化、决策与执行碎片化。[1] 政府碎片化的产生不利于整合资源、不利于团队协作，降低了执行力。

团队凝聚力的高低和团队领导有直接关系，只有领导干部身先士卒，带头垂范，才能打造高效的团队。习近平总书记强调：“抓落实，一把手是关键，要把责任扛在肩上，勇于挑最重的担子，敢于啃最硬的骨头，善于接最烫的山芋，把分管工作抓紧抓实、抓出成效。”[2] 执行力强的团队，一定有一个优秀的领导，卓越的领导能够激发团队成员内在的潜能和热忱，创造佳绩。政府部门领导干部要强化合作意识和观念，更多从公共利益的角度出发，要学会分享功劳荣誉。在一些团队中，部分领导干部过于看重个人的利益和名誉，甚至把下属的功劳归为已有，这样会打击成员的工作积极性。还有些领导

---

[1] 曾凡军：《基于整体性治理的政府组织协调机制研究》，武汉大学出版社 2013 年版，第 2 页。

[2] 中共中央党史和文献研究院、中央“不忘初心、牢记使命”主题教育领导小组办公室编：《习近平关于“不忘初心、牢记使命”论述摘编》，中央文献出版社、党建读物出版社 2019 年版，第 94 页。

对下属不能做到公平公正地对待，不能实事求是地奖惩，导致一些成员心理失衡，工作积极性受挫。一个优秀的团队领导一定是推功揽过型的：遇到问题能担当，让下属没有后顾之忧；遇到荣誉愿意分享，并积极鼓励下属干事创业。在这样的团队中，执行力一般不会太差，成员的成就感和认同感也较高。

讲团结并不意味着提倡做“老好人”，出现错误首先要积极进行自我反省并勇于自我批评，要正视自身的问题，不逃避、不推卸，及时反思，听得进批评，听得进不同的声音，如此才能不断成长。同事存在问题，也要敢于批评，客观公正看待工作上的问题，不偏心，不包庇，以帮助他人改正错误，更好地完成工作为出发点，实事求是指出问题，必要的时候给予改进工作的思路建议，促使团队成员共同成长进步，营造良好的工作氛围。

团队是一个整体，是不可分割的共同体。团队成员虽然有不足之处，但是各有所长，要互相取长补短，发挥优势，共同解决遇到的难题。第一，要让团队成员对团队目标有清晰的认识，并且努力谋求成员的认同。不清晰的目标影响执行的方向和效果，不被认同的目标影响执行的动力和积极性。因此，在确定团队目标的时候尽可能让执行者更多地参与进来，经过协商沟通达成一致意见。第二，要及时对团队成绩进行激励。团队的成绩是团队每个成员努力的结果，在奖励时不能只奖励个人，要奖励团队，以形成团队协作的良好氛围。对于贡献特别突出的个人，可以额外奖励，但是要确保奖励的公开公平客观。第三，要相互包容，相互鼓励。避免团队成员推卸责任，互相指责，遇到问题大家共同面对、共同解决。要营造一个和谐的团队，成员彼此信任、彼此鼓励，拧成一股绳，心往一处想，只要齐心协力，不轻言放弃，就没有解决不了的问题。在团队成员遇到困难障碍的时候，其他成员要多鼓励、多帮助，在彼此鼓励信任的环境中打造和谐高效的团队。第四，团队内部要形成良性竞争关系。为了提高团队执行力，也要有一定的竞争机制。大团队内部可以再设置2—3人一组的小团队，在小团队之间通过设置评比竞赛等方式评选出优秀的团队，并给予一定的奖励。内部施加一定的竞争压力有助于激发成员的工作积极性。

团队成员之间产生隔阂可能是因为团队成员缺少沟通，或者沟通不畅，产生矛盾和误会。为打造一个高效的团队，成员之间的沟通模式非常重要。根据威廉·莫尔顿·马斯顿提出的DISC理论，可以根据不同的行为风格区分不同的人格特征，在此基础上可以采用不同的沟通方式，从而有助于团队高效完成工作任务。DISC分别是指支配型（Dominance）、影响型（Influence）、稳健型（Steadiness）、谨慎型（Compliance）。支配型的人更关注事，更加快速、主动；影响型的人更关注人，也是快速而主动的；稳健型的人更关注人，但是更加慢速、被动；谨慎型的人更加关注事，也更加慢速和被动。[1] DISC典型性格如图5－1所示：

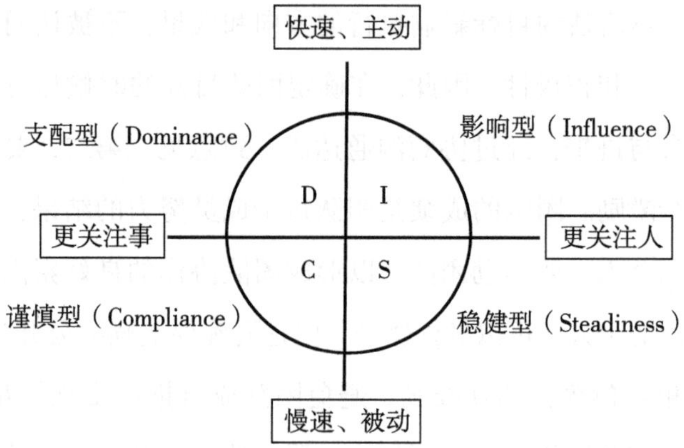

图5－1 DISC典型性格

〔1〕参见张钧：《构建组织立体执行力》，中国财富出版社有限公司2021年版。

支配型的人一般行动力比较强，做事情比较快，与这种人沟通要开门见山，说话简洁明了，不要拐弯抹角，要提高沟通的效率，把握好沟通的时间，不宜太长。

影响型的人活泼健谈，注重他人的评价，与这种人沟通要给对方更多的表达机会，多倾听对方的感受。他们一般期待被认可、被赞美，与他们交流不要吝啬自己的赞美之词，应多关注对方的情绪变化和感受。

稳健型的人态度温和，能够做到以大局为重，心思细腻。与这种人沟通要减少给对方的压力，要给予其更多的安全感。沟通的时候语气要平和，语速要放慢一些，需要更多的耐心。

谨慎型的人往往注重规则，比较理性、严谨。与此种人沟通要尽可能用数据和事实说话，让对方感受到沟通的内容是有根据的，定量描述会比定性描述让对方觉得更有说服力。

在一个团队中无论与何种类型的人沟通，都要做到尊重对方，这是沟通最重要的前提，要表达尊重，并让对方感受到，这样沟通就不会有太大的问题。

四、养成良好的执行习惯，提高基层干部的综合素质

良好的执行习惯是影响基层政府执行力的关键因素。基层干部要树立良好的执行心态和执行动机，以积极的态度面对基层复杂的行政事务；要学会时间管理、注重细节、勤于思考，树立执行的结果导向等。只有养成良好的执行习惯，才能让执行更加顺畅和高效。

（一）培养良好的执行心态

1. 良好的抗压能力

基层政府的压力更多来自上级政府指派的各项工作。基层工作往往任务繁杂、时间紧迫，基层的人力和财力资源又相对有限。都说“上面千条线，下面一根针”，基层政府如何在规定时间内，协调有限的资源落实各项政策，是不小的考验。在面临各种压力的情况下，若自身的精力和能力有限，往往会出现逃避、推卸等问题。抗压能力不足的时候，有些干部可能还会出现过度焦虑，不仅影响自身工作效率，而且影响周围人的工作士气等问题。因此，要及时调整心态，采取科学的应对措施。首先，要加强学习，增强本领，尤其是提高应对基层复杂工作的能力。其次，与同事、群众多沟通交流及时获得支持和帮助等，有助于改善工作压力带来的困扰。最后，产生工作生活压力也可能与自身的欲望大小有关系。自身欲望和功利心较强，好高骛远，又未能客观评价自身的能力水平，对未来过于悲观，放大了困难等，都会影响工作的积极性。

压力无处不在，无时不有。在基层政府，工作中的压力不可避免，必须做好应对各种风险挑战和艰难险阻的心理准备，以必胜的信念迎接困难。如果抗压能力不足，一遇到困难就打退堂鼓，那什么事情都做不成。要化压力为动力，及时调整好心态，以努力奋进的姿态迎接困难和挫折。不要把压力事件看作糟糕的事情，要学会把压力事件当作一次挑战自我、展示自我、发展自我的机遇。正所谓“如果一件事情不能把我压垮，那么这件事情一定会让我变得更加优秀”。除了调整心态，提升能力素质，以过硬的本领从容应对各种复杂事件，才是真正缓解压力的关键。只有积累了丰富的应对复杂局面的经验，提升自己的能力素质，面对问题时才能做到从容淡定、理性平和。正如习近平总书记常强调的那样，干部成长没有捷径可走，要“经风雨、见世面，才能壮筋骨、长才干”。当一个人经历了足够多的风雨，见识了足够多的世面，必然能够做到波澜不惊，气定神闲。

2. 良好的情绪管理能力

面对烦琐的基层事务，基层干部难免出现烦躁、焦虑、紧张、愤怒、郁闷等各种负面情绪。每个人都有情绪，产生情绪并不可怕，要接纳自己有情绪，无论是正面的情绪还是负面的情绪，都是人类的情感表达。不要刻意地去压抑情绪，要给情绪一个释放的渠道，学会和各种情绪和谐相处，一味地抵触、评价、对抗情绪，非但不能缓解情绪，还可能导致情绪化问题。合理地管理情绪方法有很多，比如宣泄就是常见的一种方式，可以把内心的不愉快通过和好友倾诉、运动、哭泣、呐喊、写日记等方式进行合理宣泄；尽量避免通过伤害身心健康的抽烟、酗酒、暴饮暴食等不合理的方式宣泄。此外，也可以通过科学的饮食改善身心健康来防止负面情绪的产生，例如，常吃富含维生素的果蔬，富含优质蛋白质的鱼类和豆制品，富含钙的乳制品，避免吃高糖、高盐的食物。保持规律的作息，劳逸结合，合理安排工作，也有助于保持良好的情绪。在工作中难免遇到一些事情导致情绪低落，不要太在意他人的评价，也不要太在乎得失，多看看自己已经拥有的东西，避免盲目比较，要有“比上不足，比下有余”的心态。正确看待得失，事情的发展从来不是一成不变的，要用辩证的观点、发展的角度看问题，对未来要充满信心。困难和挫折都是暂时的，不要因为一些琐碎的事情影响心情，要理性平和看待得失。

3. 克服困难的勇气和毅力

习近平总书记强调：“要有真抓的实劲、敢抓的狠劲、善抓的巧劲、常抓的韧劲，抓铁有痕、踏石留印抓落实。”[1] 因此，执行力在抓落实中体现，强调执行者顽强的毅力和品格。推进政府政策执行要发扬钉钉子精神，锲而不舍，锚定目标不松懈，一张蓝图绘到底。习近平总书记还强调：“我推崇滴水穿石的景观，实在是推崇一种前赴后继，甘于为总体成功牺牲的完美人格；推崇一种胸有宏图、扎扎实实、持之以恒、至死不渝的精神。”[2] 这是一种永不放弃的恒心和毅力，是一种对目标坚定执着的信心和勇气。任何工作都是如此，没有强大的毅力和决心，轻言放弃必然一事无成，只有坚持到底才能胜利。要有越挫越勇的决心和信心，乐于接受新鲜事物，勤学好问，不断补足知识短板，提升能力素质。不要害怕失败，没有白付出的努力，一切付出终有回报，哪怕暂时看不到成绩也不要气馁，也许成功就在下一步。行百里者半九十，成功从来不是轻松就能实现的，半途而废的人体会不到成功的喜悦，胜利永远属于坚持不懈的人。“锲而不舍，金石可镂。”在执行过程中，要有咬定青山不放松的劲头，持之以恒，以不达目的不罢休的决心，坚持到底，才能胜利。丘吉尔曾说过：“我成功的秘诀有三个：第一是，决不放弃；第二是，决不、决不放弃；第三是，决不、决不、决不放弃！”

4. 锐意进取的积极心态

心态决定成败。工作中不仅要有克服困难的勇气，还要有积极阳光的心态。工作需要满腔的热情和激情，死气沉沉的状态是无法出色完成工作的。中国人讲“精气神”，就是指要有朝气和活力，对工作充满必胜的信心。有些人对未来总是很悲观，看不到希望，这样的状

---

〔1〕《中共中央政治局召开民主生活会　习近平主持并发表重要讲话》，载《人民日报》2017年12月27日，第1版。

〔2〕习近平：《摆脱贫困》，福建人民出版社1992年版，第59页。

态不仅会影响心情，也会影响工作成绩。热情和激情是激发工作积极性的关键，尤其是领导干部对工作要有满腔的热血，应积极带动周围的人一起努力实现工作目标。工作的热忱能激发潜能，提高工作的效率，激发斗志。激情四射的状态也会影响周围的人，领导干部是充满激情的，同事和下属自然也会受到感染，对实现工作目标充满希望。心态对了，很多事情也就对了。

5. 增强忧患意识，发扬斗争精神

基层是社会矛盾的“聚焦场”与政策落实的“攻坚区”。在推进城镇化进程中，土地征收、房屋拆迁成为棘手难题，群众对补偿安置的高诉求与政策法规刚性约束碰撞，部分群众“故土难离”情结又添阻碍；生态保护与经济发展矛盾突出，关停高污染企业冲击短期经济、引发失业，后续生态修复资金、技术缺口大；在乡村振兴战略下，农村空心化、老龄化致劳动力缺失，农业现代化所需资金、技术、人才难寻，乡风文明建设面临陈规陋习顽固、文化设施不足等困境。诸多矛盾纠葛，考验基层政府的智慧与勇气。

忧患意识和斗争精神是我们党与生俱来的风骨和品质。马克思主义认为，社会是在矛盾运动中前进的，有矛盾就会有斗争。所以，世界是不断发展进步的，我们既要对光明前途充满信心，同时又要对到达那个光明前途的道路上可能遇到的艰难险阻保持战略清醒。邓小平同志在改革开放初期，在推动改革开放的过程中，已经预想到可能面临的各种困难和挑战。党的干部要增强忧患意识，发扬斗争精神。敢于斗争、善于斗争，就是要有危机意识，找到斗争的策略，做好斗争的准备，在斗争中成长提高。面对风云变幻的外部环境与艰巨繁重的改革发展任务，基层干部当以时不我待的紧迫感、舍我其谁的使命感，将忧患意识融入日常、将斗争精神贯穿始终，在乡村振兴的

沃土里精耕细作，于社会治理的浪潮中踏浪前行，为实现中华民族伟大复兴的中国梦筑牢根基、添砖加瓦。

（二）树立正确的执行动机

只有形成正确的执行动机，才能高效完成任务，从而实现组织目标。有些干部的执行动机过于狭隘，工作的目的就是实现个人的“名”和“利”。作为基层政府的公职人员，要把为人民服务这一宗旨牢记在心，不能为了一己私利而忽视了人民群众的需求，要把实现个人目标和组织目标统一起来。“随着民众文化素质的普遍提升和精神需求的增长，政府执行力应由基于政府本位、关注事务本身、依靠强制落实的层次向基于政策本位、关注精神价值、倡导自觉行动的层次发展。”〔1〕“君子爱财取之有道，不义之财分文不取”，基层干部要在合理合法的范围内追求名利。基层工作本身就要求干部克服基层生活条件较为艰苦、工作任务比较繁杂、收入待遇相对较低等困难，是需要基层干部有一定的牺牲奉献精神的。工作不能仅仅依靠外在的条件推动，内在动机也很重要。比如，通过基层工作锻炼，很多年轻人得到快速的成长锻炼，为今后更进一步的发展打下了良好的基础。生活没有白吃的苦，也没有白走的路，这些经历都将成为宝贵的财富。

研究表明，“心存感激”可帮助地方政府公务人员改变对自己工作的看法。〔2〕心存感激，就是感恩拥有的，不抱怨不指责，摆正自己的位置，对自身能力素质有清楚的认识。基层干部要牢记自身的权

---

〔1〕麻宝斌、陈希聪：《论政府执行力的类型及层次》，载《天津社会科学》2014 年第 2 期。

〔2〕［美］斯蒂芬·P. 罗宾斯、蒂莫西·A. 贾奇：《组织行为学》（第 14 版），孙健敏、李原、黄小勇译，中国人民大学出版社 2012 年版，第 78 页。

力来源，作为人民公仆，在思想上、行动上，始终以解决人民群众的困难为己任，以“先天下之忧而忧，后天下之乐而乐”的强烈使命感做好本职工作，时刻做到“将人民对美好生活的向往作为自己的奋斗目标”。

自我加压，建立一定的危机意识。“井无压力不出油，人无压力轻飘飘。”适度自我加压，一定的危机意识有助于提高执行力水平。面对工作任务，要给自己设置一个质量目标和时间目标，并制订好执行计划。计划尽可能要细化，精确到每天，甚至是每半天。在一个阶段结束的时候，对照目标检查完成情况并及时调整下一阶段的目标。可以根据执行情况给自己一定的奖惩，鼓励和鞭策自己继续努力按照计划完成。必要的时候，和同事一起制订工作计划，互相监督，互相鼓励。

（三）时间管理，高效执行

时间是有限的，英国著名博物学家托马斯·赫胥黎说过：“时间最不偏私，给任何人的都是24小时；时间也最偏私，给任何人的都不是24小时。”所以，如何利用好有限的时间发挥最大的效益，是提高执行力的关键。

1. 要事优先

基层政府工作任务十分繁杂，较为普遍的情况是基层的人手少、时间紧、任务重。在紧迫的时限内高效地完成上级部署的各项任务，需要基层干部有较强的时间管理能力。虽然基层的工作任务重，但是也有主次之分。因此，要对现有的工作按照轻重缓急进行分解排序，不能“眉毛胡子一把抓”，“捡了芝麻丢了西瓜”。要抓住主要矛盾、矛盾的主要方面，聚焦中心工作，所谓“欲多则心散，心散则志衰，志衰则不达”。基层干部应对当前的工作进行合理规划，明确长期、中期、短期目标；每天都要制订工作计划，按照工作的优先顺序，逐个完成，集中精力在当前做的事情上，不要三心二意，否则效率会打折扣。

2. 当日事当日毕

执行要做到雷厉风行，说干就干，马上就干。有些干部在工作中存在习惯性拖拉，重要的任务往往时间紧迫，必须在深思熟虑后尽快开始着手处理，否则容易把小矛盾拖成大矛盾。俗话说“当日事当日毕”“今天再晚也是早，明天再早也是晚”，必须养成立即行动的好习惯。很多时候拖延症就是阻碍工作进展的关键。有些事情初看任务重，难度高，容易让人产生放弃努力的念头。事实上，“天下难事，必作于易；天下大事，必作于细”。再难的事情都是从简单的事情入手，再大的事情也都是从小事情入手，不要被一些事情的表面给吓跑了。要学会分解目标，没有不可能完成的任务，只有不恰当的方法。细化目标之后，多数事情都没有想象中的那么复杂，万事开头难，只要厘清思路，找到问题的症结所在，制订好计划，按部就班执行就可能完成。有些人还没开始做事就已经失去信心了，对工作中可能出现的各种困难充满恐惧和焦虑，这样的心态恐怕什么事情也做不好。工作没有困难是不可能的，一味地焦虑也解决不了问题，“兵来将挡，水来土掩”，办法总比问题多。杞人忧天的心态只能增加无畏的焦虑，精神内耗没有任何好处，只有充满信心，朝着目标找到解决问题的办法才是出路。

3. 不要浪费黄金时间，要利用好碎片化时间

一年之计在于春，一日之计在于晨。每个人在不同的阶段精力不同，状态不同，工作效率也不同，应找到属于自己的黄金时间，并充

分利用好它。例如，有些人在早晨的效率最高，那就尽可能养成早起的习惯，在早上安排处理那些较为困难的、需要花费较多精力的事情。尽量避免在黄金时间把工作碎片化。例如，有些人在工作的时候总是被一些琐碎的事情打断，或者养成一边工作一边吃零食、看手机等不好的习惯。黄金时间被浪费了非常可惜。只有高度集中注意力，才能提高工作效率。尽量养成集中注意力做好一件事情的习惯，不被其他事情干扰。如，工作时手机暂时放到旁边不看，等处理完手头上的活再看。同时，也要充分利用好碎片化的时间，在排队、等人的时候可以处理一些琐碎的事情，如回复信息、浏览网页等。此外，有些时候有的事情是可以统筹兼顾的，例如，在早上洗漱的时候顺便听听新闻，在路上开车的时候或者运动的时候可以听听有声读物等。有效地利用好时间需要养成良好的习惯，同时，多积累一些处理程序性工作的经验，遇到类似的工作任务的时候就不需要花费太多的时间精力，只要按部就班按照相应的流程处理就行，从而提高工作效率。

4. 要学习复盘时间

时间管理有时候需要调整，每天的工作安排不见得都是合理的，需要经常复盘。可尝试着对目前的时间分配情况做个记录，包括每天起床的时间、洗漱的时间、工作的时间、学习的时间、吃饭的时间、休闲娱乐的时间等。通过记录，就会发现每天在哪些方面用的时间比较合理，哪些不太合理，在可能的情况下进行调整，改变一些时间安排，让时间分配趋于合理。在规划一些事情的时候，不要把时间排得太满，或者过于理想化，否则实施时难度太大，导致计划无效。高效执行，并不等同于把时间排得满满当当，要给每天的计划留出一些弹性时间，防止有时候因为一些突发情况而没有多余的时间处理。

（四）关注细节，用心执行

细节直接影响政策执行的效果。一方面，细节决定了政策执行的精准度。在政策执行过程中，一个小的疏忽或错误都可能导致政策执行出现偏差，影响政策的整体效果。例如，在发放惠民补贴时，如果对补贴对象审核不细致，可能导致补贴发放错误，影响群众的利益和对政府的信任。另一方面，细节还决定了政策执行的可持续性。关注细节可以及时发现政策执行过程中出现的问题，并采取有效的措施加以解决，确保政策执行的长期效果。比如，在实施环境保护政策时，对企业的污染排放监管要细致入微，防止企业偷排漏排，确保环境质量持续改善。

执行的细节也体现了政府服务质量的高低。在为群众提供服务的过程中，细节往往能够体现出服务的质量和水平。一个微笑、一句问候、一次耐心的解答，都可能让群众感受到政府的关怀和温暖。例如，在社区服务中心，工作人员主动为前来办事的老人提供帮助，引导他们办理业务，这些细节能够提升群众的满意度。

注重细节还可以提高服务的效率。优化工作流程、减少烦琐环节、提高办事速度，可以为群众提供更加便捷、高效的服务。比如，在政务服务大厅设置自助查询设备、提供网上办事指南等，可方便群众了解办事流程和所需材料，减少办事时间。

在日常工作中，注重细节还可以展现政府的良好形象，增强政府的公信力。例如，政府工作人员着装整齐、办公环境整洁、言行举止得体等细节，都能够给群众留下良好的印象。对群众反映的问题及时回应、认真解决，也是关注细节的表现。这种积极的态度能够让群众感受到政府的责任心和执行力，提升政府的形象。比如，在处理群众投诉时，基层政府及时调查核实情况，采取有效措施解决问题，并向群众反馈处理结果，能够赢得群众的认可和好评。

政府执行力是体现在各部门分工合作的各个环节中的，每个政府工作人员的执行力都十分重要，对执行效果都有重要影响。细节决定成败，忽略细节可能导致“失之毫厘，差之千里”。政府管理更加精细，更加注重细节，细节体现在政府执行的各个环节。在执行过程中要摒弃“差不多”的思想，人和人之间的差别有时候可能就体现在细微之处。做任何事情都要精益求精，不要仅满足于“做了”，还要确保“做好”。在工作中按照标准做事，只是最低标准，仅仅做到这一点，是没办法让群众满意的。要以高要求、严标准作为目标追求，对于可控因素的执行，要确保“零失误”，达到百分百完成任务。

因此，政府在执行过程中要有一丝不苟的态度，工作中敷衍应付，草率行事，执行效果通常不理想。“细节决定成败”，在执行过程中不拘小节，可能因小失大。工作中要精益求精，把每件事情都当作最重要的事情来处理。“天下大事必作于细”，再复杂的事情，只要分解成小目标，就是小事情。基层政府工作人员要树立高度的责任感和使命感，认识到自己的工作对于群众的重要性，以认真负责的态度对待每一项任务。要培养敬业精神，热爱自己的工作，不断追求卓越，努力把工作做到最好。基层干部要保持积极主动的工作态度，主动发现问题、解决问题，而不是被动地等待上级指示或群众投诉才匆忙应对。

总之，基层政府执行力关乎国家政策的落实、群众的切身利益和社会的稳定发展。在基层政府工作中，只有注重细节，从每一个环节、每一个步骤入手，才能提高执行力，更好地为群众服务，树立政府的良好形象。

（五）勤于思考，精准执行

1. 勤于思考有助于准确理解政策意图

国家政策和上级决策往往具有一定的宏观性和抽象性，基层政府在执行过程中需要结合本地实际进行具体解读。勤于思考可以帮助基层干部深入分析政策的背景、目标和要求，准确把握政策的核心要义，避免出现理解偏差。例如，在实施乡村振兴战略时，基层干部通过思考可以明确本地的优势和短板，找准工作的切入点和着力点，更好地推动政策落实。勤于思考有利于制定科学合理的实施方案。执行政策需要有具体的行动计划和方案。善于思考可以促使基层政府在充分调研的基础上，结合本地实际情况，制定出具有针对性、可行性和创新性的实施方案。方案的科学性和合理性直接影响执行的效果。通过思考，基层干部可以对各种可能的情况进行预判，制定相应的应对措施，提高方案的适应性和灵活性。

2. 勤于思考有助于合理调配资源

基层政府在执行任务时，往往面临资源有限的问题。思考可以帮助基层干部优化资源配置，提高资源利用效率；通过对人力、物力、财力等资源的分析和评估，合理分配任务，确保资源用在刀刃上。例如，在应对突发事件时，基层政府可以思考如何整合各方力量，协调医疗、消防、公安等部门的资源，形成强大的应急处置合力。勤于思考可以促进执行方式方法创新。随着社会的发展和变化，传统的执行方式方法可能不再适用。勤于思考可以激发基层干部的创新意识，帮助探索新的执行方式方法。创新可以提高执行的效率和质量，更好地适应新形势、新任务的要求。比如，在开展政务服务工作中，基层政府可以思考如何利用互联网技术，推行“一网通办”“不见面审批”等创新服务模式，提高政务服务的便捷性和高效性。

3. 勤于思考有助于提高执行效率

工作不是靠蛮力推动的，努力工作只是提高效率的前提，但是仅靠努力，如果方法不对，效率依然低下。所以，“不光要努力地工作，更要聪明地工作”。聪明地工作就是要勤于动脑，多思考、多总结。事情来了及时处理本身没有问题，但如果不加思考，鲁莽行事，效果往往不理想，有时候做了一半就卡壳了，没有厘清思路就着急行事，可能最后南辕北辙。所以，不要吝啬思考的时间，想清楚再做事，思考好了，方法对了，做事的效率会大大提高。

第一，平日要多总结多思考。做事情的经验是需要积累的，如果经常忙忙碌碌，只是机械做事，工作效率是不会高的。只要方法对了，时间合理分配好了，提高效率，就能达到事半功倍的效果。第二，要培养主动思考的意识。要认识到思考的重要性，树立主动思考的意识，养成善于思考的习惯。在工作中，要克服被动执行的心态，积极主动地思考问题，寻找解决问题的方法；可以通过参加培训、阅读书籍、交流讨论等方式，不断提高自己的思考能力和水平。第三，积极开展调研。思考必须建立在对实际情况的充分了解之上，基层干部要深入基层、深入群众，广泛开展调研活动。通过实地走访、问卷调查、座谈会等形式，了解群众的需求和诉求，掌握本地的经济社会发展状况、资源禀赋等实际情况。只有这样，才能在执行政策时做到有的放矢，制定出符合实际的实施方案。第四，加强学习拓宽视野。学习是思考的基础，基层干部要不断加强学习，拓宽自己的知识面和视野；应学习国家政策法规、先进地区的经验做法、专业知识等，为思考提供丰富的素材和依据；可以通过参加培训、在线学习、阅读专业书籍和期刊等方式，不断提升自己的综合素质。第五，建立反思总结机制。执行工作结束后，要及时进行反思总结。分析执行过程中的成功经验和不足之处，找出问题的根源和解决办法。通过反思总结，不断改进工作方法和流程，提高执行力。可以建立执行工作档案，记录执行过程中的重要事件、决策和结果，为今后的工作提供参考。

（六）树立执行的结果导向

1. 实施目标管理，确保执行方向的准确性

目标管理的前提是制定合理的目标，目标既不能好高骛远，不切实际，也不能过低，失去意义。领导干部要制定一个让大家愿意为之奋斗的目标，要确保目标合理、清晰、可量化、易评估。清晰的目标是让执行者明确方向的关键，应尽量减少使用大而化之的目标。没有量化的目标是没有意义的，量化的目标才能让执行者执行时有据可循，有利于执行的效果达到预期。执行后若没有评估检查反馈，执行者可能因自觉性缺失而敷衍应付，每次执行后的检查评估不仅是对执行效果的检验，也是为了改进工作方式方法，有助于下一次执行任务更加符合目标。此外，为了确保目标执行顺畅，最好在确定具体目标方案之前，让执行者参与进来，通过协商后制定出一个让多数人认可的目标。

2. 实施过程管理，确保执行过程的合规性

执行者在执行过程中需要对所处理的问题进行及时跟进和反馈，这是对执行工作的基本要求。执行者在执行过程中很容易出现想当然的不良习惯，没有及时跟踪反馈工作进展，导致中途掉链子，影响整个执行。不仅执行者需要及时跟进，领导者也要及时实施管理，要求执行者及时汇报工作进展，了解进程。过程管理需要对执行情况定

期检查，领导者也要及时跟进督促执行者完成任务，需要的时候提供相应的支持，必要的时候及时纠偏。对于执行任务表现优异的，领导干部要及时给予奖励，鼓励执行者持续努力。在执行过程中出现问题，执行者也不要相互指责，应着力解决问题，朝着既定的目标方向努力。

3. 善于自我管理

管理大师彼得·德鲁克曾说过："唯一真正有效的管理就是自我管理。"执行力强的人一定是在工作中积极主动，善于自我管理的。自我管理应有强烈责任感，勇于承担责任，善于发挥自我优势，并且说到做到，从不食言。能力来自学习、实践和总结思考，从理论到实践，再到思考，执行者的能力不断得到提升。自我管理就是自我提升的一个过程，需要自我鞭策，不能依赖他人。执行者应把每一个工作任务都当作自我提升的机会，不是为了完成任务而工作，而是为了提升自我。

执行者应在工作中经常反省总结，经常问问自己，"我目前的工作做得如何？哪些经验可以继续保留，哪些问题需要解决，从哪里入手去解决，需要哪些资源？"等。执行者应在不断总结反思中，提升自我管理的水平。勤能补拙，做事要勤快些，不管有没有人督促，都要有主动高效完成任务的自觉性。天道酬勤，成功从来就需要付出努力，没有任何人能轻松获得好成绩。无论是职场还是运动场，无论是工作还是生活都是如此，面对艰巨的工作任务更是如此。这不仅是一份使命职责，也是磨砺心智的机会，只有不畏艰辛，付出劳动才有可能获得理想的成绩。爱因斯坦曾经说过："勤奋，几乎是世界上一切成就的催产婆。"就是天赋再好的人，也需要付出辛劳才可能获得优异的成绩。哪怕天资不高，但是只要愿意付出比别人更多的努力和汗水，也可能取得优异的成绩。

4. 树立结果导向

执行就是要结果，如果执行没有结果，就是执行不力。在政治环境维度，以结果为指引能强化责任落实。当基层干部深知政策落地后的成效关乎民众满意度与政府公信力，面对乡村振兴任务，便会摒弃形式主义，确保每一笔资金投入、每一项产业扶持都精准有效，让乡村切实旧貌换新颜，以发展成果回应群众期盼。在经济环境下，结果导向助力资源优化配置。贫困地区虽资源有限，但以改善民生为诉求，应整合各方力量，优先解决群众饮水、用电等紧迫问题，让有限资金发挥最大效能。从社会环境着眼，聚焦结果能化解执行阻力。例如，秉持让社区和谐、让群众满意的目标，推行垃圾分类时，基层工作者不再生硬宣教，而是结合居民生活习惯设计便捷分类方案，以干净整洁的小区环境赢得民心，让政策顺利扎根。

执行的结果应达到一定的标准，政府执行的结果首先应符合中央政策方针，其次应符合群众利益，最后应符合组织的目标。三者之间应该没有冲突，中央的精神都是以人民为中心的，政府组织的目标也是让人民群众满意。在具体执行的过程中，有些干部可能工作方式方法不得当，朝三暮四，“三天打鱼两天晒网”，容易忽略结果，导致执行效率低下。总之，基层政府只有时刻对标结果，在不同环境中精准发力，才能将政策从纸面变为现实，切实提升执行力，为群众创造更多福祉。

五、完善基层政府的执行机制，确保考核评价客观公正

基层政府的执行机制是否完善是保障执行力的重要前提，必须

明确责任的追究制度、建立多元评估主体机制、健全容错纠错机制、完善奖励机制。

（一）明确责任的追究制度

一方面，明确执行部门与措施。一是纪检监察部门负责监督党纪处分的执行情况，确保处分决定严格按照党纪规定执行到位，如限制党员权利的行使、追缴违纪违法所得等。二是组织人事部门负责组织处理决定的执行，及时办理相关人事手续，如职务任免文件的印发、工资待遇的调整、人事档案的更新等，并跟踪监督组织处理措施对责任主体后续工作表现和职业发展的影响。三是其他相关部门按照各自职责分工，负责落实其他处理决定的执行工作，如通报批评的发布渠道和范围确定、罚款的收缴、责令整改措施的监督实施等。

另一方面，完善监督机制。一是责任追究领导小组定期对责任追究决定的执行情况进行检查和评估，建立执行台账，跟踪记录处理决定的执行过程和结果，确保各项处理措施得到有效落实，防止出现执行不到位或打折扣的现象。监督要产生作用，要确保监督方式的合理性，监督内容不应只是停留在表面的材料，更应监督工作实际，落实监督主体，明确责任追究制度，而不是在监督后简单写个整改报告以敷衍应付。二是上级政府部门对基层政府的执行力责任追究工作进行业务指导和监督检查，定期对基层政府的责任追究制度建设、案件办理情况等进行检查评估，对发现的问题及时提出整改意见和建议，并对整改落实情况进行跟踪复查。三是建立社会监督机制，通过政府网站、政务新媒体、新闻发布会等渠道，及时向社会公开责任追究制度的相关内容、责任追究案件的办理情况及处理结果，接受社会公众的监督和评价，提高责任追究工作的透明度和公信力。

在政府管理中，各种监督制度不少，但是监督的落实和效果还有待提高。例如，一味地强调痕迹管理进行的监督，必然导致基层政府花费大量的时间和精力用于准备各种台账，而没有更多精力去落实中心工作。此外，监督要确保公正公平，一视同仁，标准制定后不能轻易修改，要体现其权威性。谈话提醒是监督的手段之一，但是不能简单代替问责。当然，问责不能滥用。

此外，要明晰自由裁量权的使用标准和规范，兼顾合法行政与合理行政。一方面要防止基层政府滥用权力；另一方面要允许其灵活运用自由裁量权，但是要对自由裁量权的使用对象和范围制定实施细则，确保权力行使合情、合理、合法。同时，执行的过程要确保公开、透明，让权力在公开监督下运行，提高执行者正确行使权力的自觉性。

（二）建立多元评估主体机制

1. 建立合理的评估主体结构

首先，要构建稳定和全面的评估结构，充分发挥政府部门在评估中的主体地位和作用，要统筹协调各项评估工作，贯穿于评估工作的整个过程。其次，要发挥专业评估主体的作用，构建由专家学者和专业机构组成的评估团队，对政府行政行为给予专业性的评估和指导。最后，要充分发挥广大人民群众的积极作用，人民群众是政府部门的服务对象。人民群众作为评估主体以目标导向为原则、以人民群众的满意度为标准来衡量政府执行力能够倒逼政府完善执行行为，有效提升政府执行力。人民群众也是大众媒体的主要受众，作为有效的“传声筒”和监督渠道，在评估中起到独有的监督和传播功能。

2. 要合理配置评估主体的权重

构建多元评估主体并不意味着平均分配评估权重，而是要根据评估的具体对象、内容和范畴进行合理配置。一方面，要有针对性地选择评估主体。根据评估对象的特点，选择与之关系更为密切，更有说服力的评估主体，确保评估结果的可信度。另一方面，要合理确定评估主体组合方式。评估主体组合同样要考虑周全，要考虑评估结果的质量、科学性、有效性，就要在多个评估主体之间进行科学的组合，根据需要合理设置评估权重，确保评估主体搭配比例的科学性。

3. 确保评估主体的独立性

各个评估主体应该是相互独立，不受其他主体干扰的，这样可提升评估的权威性。一方面，确保评估主体在评估权力上的独立性。评估主体评估时应该做到客观公正，不能受上级命令影响。另一方面，保障评估主体经济独立。评估主体和被评估对象之间不能出现经济利益的牵扯，评估结果的好坏不应影响评估主体的利益分割，只有这样才能确保评估结果的准确性。

4. 设计科学合理的政府执行力衡量标准

衡量标准科学合理，是保障评估有效的重要前提。具体来说，包括几个方面的维度：第一，执行态度。这是决定基层政府工作成效的决定性力量，只有良好的执行态度才能确保执行符合基本法律法规、符合人民群众的期待、符合基本的执行要求。第二，执行力度。这是指执行过程中人力、物力和财力发挥作用的程度。这就涉及基层干部的工作能力，物资投入的数量和质量，以及财力投入的大小，只有确保各项资源都充分发挥其应有的作用才能避免执行资源的浪费。第三，执行速度。同样的政府政策在各地实施和推进的进度有所不同，就体现出执行力的强弱。基层政府执行力要考量执行的速度，执行速度过慢、拖拖拉拉，就可能导致一些好的政策被低效运行，甚至随着时间的流逝，政策调整等，一些政策逐渐失效。第四，执行效度。这是指政府执行解决实际问题的程度。如果政府执行看起来热火朝天，也投入了大量的资源，动员了较多的人员，但是并没有达到预期的执行效果，则是执行效度低下，也浪费了宝贵的资源。此外，还要考虑政策执行任务本身的难度、历史遗留问题、当时的社会环境、时间周期的长短等因素，这些都可能影响最终的执行效果。

（三）健全容错纠错机制

坚持严管和厚爱结合、激励和约束并重，建立健全容错纠错机制，细化容错纠错内容，充分调动基层干部干事创业的积极性、主动性和创造性，切实增强基层干部执行力，为推动乡村振兴发展提供有力保障。

一要细化容错机制的标准。明确基层干部哪些原则性问题不能出现错误，并及时进行严厉的惩戒，提高违纪违法成本。坚持有错必究，严肃处理，防止拿“容错”当保护伞。同时也应明确具体哪些行为可以包容，让基层干部在干事创业中放开手脚，安心工作。基层干部的问责不应该被滥用，应该按照实事求是原则，客观评价和使用，引导干部担当实干，为党和国家事业贡献智慧和力量。可以采用举例的方式，明确容错的标准和认定的方式，让基层干部做到心中有数。

二要坚持容错和纠错的平衡。容错的目的不是纵容干部犯错，而是鼓励创新，减少那些真正想干事创业的干部的后顾之忧。同时，在实际工作中对明知故犯的干部也要严肃处理，明确纪律底线，党纪和法纪是具有权威性的，不是任何组织和个人能与之对抗的，干部应心中始终牢记自身行为的准则。

具体来说，为提高基层政府的执行力，容错纠错机制要着重从以下几个方面完善。

1. 在贯彻落实上级决策部署方面

基层干部在执行上级政策和决策时，因客观条件限制，对政策理解出现偏差，但主观上是为了推动工作且未谋取私利，在及时发现并积极采取措施纠正偏差、未造成重大损失和恶劣影响的情况下，可予以容错。例如，在推广某项新的农业补贴政策时，由于对政策文件解读不够清晰，基层干部在执行初期对补贴对象的界定出现了小范围的不准确，但在后续审核环节及时发现并重新核实，确保了补贴资金准确发放，没有引发群众大规模不满和上访事件。

面对上级紧急下达的工作任务，在时间紧迫、任务繁重且缺乏必要资源支持的情况下，基层干部采取了一些临时变通措施来推进工作，虽然这些措施不完全符合常规程序，但有效完成了任务且未产生严重后果的，应当容错。比如，在应对突发自然灾害时，为了快速转移受灾群众，基层干部临时调用了部分未经过正常审批程序的救灾物资，但事后及时补办了手续，并确保物资使用合理、账目清晰。

2. 在推动改革创新方面

基层政府在推进本地改革创新举措过程中，由于缺乏现成经验可供借鉴，在探索性试验过程中出现失误或偏差，但改革创新方向正确、工作举措符合基层实际且有利于长期发展，并且基层干部能够主动承担责任、积极整改的，应给予容错。例如，某基层地区尝试推行农村集体资产股份制改革试点，在股权设置和分配方式上进行了新的探索，由于对一些潜在问题预估不足，部分村民在短期内对改革方案存在争议，但经过基层干部进一步解释和调整优化方案后，改革得以顺利推进并取得了良好的经济效益和社会效益，这种情况下对参与改革的基层干部应予以容错。

基层干部在推动科技创新成果转化应用于基层民生事业或产业发展时，因技术本身的不确定性、市场环境的不可控性等客观因素，项目未达到预期效果甚至失败，但基层干部在项目实施过程中尽到了勤勉尽责义务且没有违反法律法规和廉洁纪律的，应考虑容错。比如，基层政府引进的一项新型农业种植技术项目，尽管经过多方努力最终因气候异常等不可抗力因素未能实现预期的增产目标，但基层干部在项目实施过程中积极组织培训、协调技术支持和拓宽市场销售渠道等，没有出现失职渎职行为，可对其进行容错。

3. 在服务群众和处理复杂问题方面

基层干部在处理群众急难愁盼问题时，为了满足群众的合理诉求，在现有政策框架内采取了一些灵活的处理方式，但这些方式与部分现有规章制度的细节不完全相符，只要不违背政策的基本原则和精神实质，且最终解决了问题、得到群众认可的，应予以容错。例如，在危旧房改造时，由于申请资金的程序烦琐且时间较长，基层干部通过协调部分企业赞助和居民自筹一部分资金的方式先行启动了修缮工程，事后及时完善了相关资金使用和审批手续，保障了居民的居住安全，这种做法可以考虑容错。

在面对复杂矛盾纠纷和历史遗留问题时，基层干部积极主动作为，在化解矛盾过程中因情况复杂、涉及利益群体众多而采取的解决方案未能一次性彻底解决问题，甚至出现了一些反复，但基层干部持续跟进、不断优化措施，努力推动问题朝着更好方向发展的，应给予一定的容错空间。比如，在处理某农村土地权属纠纷问题时，由于年代久远、档案资料缺失，基层干部多次组织各方当事人进行协商调解，并依据有限的证据和当地的风俗习惯作出了初步的划分方案，但部分当事人在后续执行过程中又提出新的异议，基层干部继续深入调查研究并进一步完善方案，这种情况下应认可基层干部的工作态度和努力，在合理范围内容错。

(四) 完善奖惩机制

习近平总书记指出，“最大限度调动广大干部的积极性、主动性、创造性，激励他们更好带领群众干事创业”[1]。明确的奖惩措施有利于激发基层干部的工作热情和积极性，促使基层干部主动思考，同时，也可以对基层干部的行为产生约束和规范作用，从而使其更加认真负责地履行自己的工作职责，避免出现推诿扯皮、消极怠工等现象。此外，奖惩机制还可以优化工作流程，提高资源配置效率，推动各项工作快速、高效地开展，从而提高基层政府的整体执行力和工作效率，确保乡村振兴各项任务按时、保质、保量完成。

1. 建立科学合理的考核指标体系

结合乡村振兴战略的总要求和本地区的实际情况，制定详细、具体、可量化的考核指标，涵盖产业兴旺、生态宜居、乡风文明、治理有效、生活富裕等各个方面。例如，在产业兴旺方面，可以考核农村一二三产业融合发展程度、农业产业园区建设情况、新型农业经营主体培育数量等指标；在生态宜居方面，可以考核农村人居环境整治达标率、垃圾污水处理率、村庄绿化率等指标。同时要注重考核指标的动态调整和优化。随着乡村振兴工作的深入推进，不断根据新的形势和任务要求，对考核指标进行调整和完善，确保考核指标能够准确反

---

[1] 习近平：《在省部级主要领导干部学习贯彻党的十八届五中全会精神专题研讨班上的讲话》，人民出版社2016年版，第43页。

映基层政府的工作重点和实际成效，避免考核指标的僵化和滞后。

2. 丰富奖励形式，加大奖励力度

一是物质奖励与精神奖励相结合。为鼓励干部干事创业的积极性，应该设计多种评优、评先等评比，让更多人有机会展示自己的工作能力，获得认同感和归属感，激发工作热情。除了给予适当的物质奖励，如奖金、奖品等，还要注重精神奖励的作用，通过表彰大会、荣誉称号授予、典型事迹宣传等方式，增强基层干部的荣誉感和成就感，激发他们的工作积极性和主动性。二是奖励个人与奖励团队相结合。在奖励优秀基层干部个人的同时，也要对在乡村振兴工作中表现突出的团队进行表彰和奖励，营造团结协作、共同奋进的良好工作氛围，促进各部门和岗位之间的沟通与协作，提高整体工作效能。三是建立长效激励机制。对于在乡村振兴工作中作出长期、突出贡献的基层干部，给予一定的长期激励，如提供更好的职业发展机会、享受特殊的福利待遇等，鼓励他们扎根基层，持续为乡村振兴事业贡献力量。

3. 明确惩罚措施，强化责任追究

一是制定详细的惩罚制度，明确规定在乡村振兴工作中出现执行不力、工作失误、违规违纪等行为的具体惩罚措施，包括警告、通报批评、扣除绩效奖金、降职、免职等，使基层干部清楚知道自己的行为边界和可能承担的后果。二是加大对惩罚措施的执行力度，确保制度的严肃性和权威性。对于违反规定的行为，要严格按照惩罚制度进行处理，做到不姑息、不迁就，避免出现“老好人”现象和惩罚制度流于形式的问题。三是建立责任倒查机制，对于工作不力导致乡村振兴项目出现重大问题或造成严重损失的，要追究相关责任人的责任，并追溯到决策、执行、监督等各个环节，确保责任落实到人，从源头上杜绝不作为、乱作为现象的发生。

此外，为确保奖惩公正、有效，在实施过程中应注意把握以下原则：

一是坚持公正公开、及时有效的奖励原则。第一，奖励担当实干的行为，对于在工作中脚踏实地、有突出贡献的干部要积极奖励。第二，奖励的时机要把握好，既要有确保时效性的及时奖励，也要有定期和不定期的奖励，在组织中创造一种奖励文化。第三，奖励过程避免出现“吃大锅饭”现象，以防影响那些工作表现优异者的积极性。第四，奖励时也要关注工作态度方面，对于那些工作态度认真负责，但是暂时成绩不理想的干部也要给予鼓励。领导干部要注重引导和帮助那些工作能力不足但是虚心求教、认真负责的干部，通过耐心指导示范等方式提高干部的执行力。

二是坚持客观、及时、适度的惩罚原则。第一，要明确政府干部的职责和义务。政府干部需要通过学习相关法律条款和纪律章程，明确惩戒条款的适用条件，充分了解工作的基本要求和底线原则。第二，惩罚是手段不是目的，让干部了解惩戒的具体原因和内容，并明确指出问题所在，必要时对未来的整改提出建设性的意见。第三，惩戒的方式方法要结合具体问题确定，原则性的问题可以采用公开惩戒的方式达到“杀鸡儆猴”目的，非原则性的问题采用批评教育等方式起到警示作用即可。第四，注重日常的批评与自我批评手段，出现一些苗头性问题的时候就要及时提醒纠正和制止，防止问题严重化。

六、营造良好的执行环境，培育高效的执行文化

良好的执行环境是确保基层政府执行力的重要条件，要进一步

落实基层减负工作，拓宽基层群众参政的渠道，确保基层政策的稳定性和科学性，培育高效的执行文化等。

（一）进一步落实基层减负工作

基层政府的工作压力不仅来自复杂烦琐的行政事务本身，更来自上级的各种检查考核。近年来党中央反复强调要为基层减负，例如，要求各部门同样的材料不要反复向基层要，要让基层干部有更多精力抓落实。所以，这个是自上而下的问题，领导干部要带头做好示范，提高自身的工作效率，更好统筹各项工作任务，合理制定各项政策，明确基层工作的要点和方向，让基层工作重心明确，目标清晰，有据可循。严格落实中央八项规定，切实减少发文开会，避免出现新的指尖上的形式主义、云上形式主义等问题，切实提高基层干部的执行力。对基层干部要有更多的关爱，不仅要适当提高基层干部的物质收入，也要加强对基层干部的心理关怀，包括政治上的激励、工作上的支持、福利待遇的保障等。要为基层干部营造有盼头、有期待的工作环境，及时对基层干部的付出给予认可和激励。

良好的执行环境是基层有效落实工作的重要保障，2024 年 8 月，中共中央办公厅、国务院办公厅印发了《整治形式主义为基层减负若干规定》，贯彻落实该规定对提高基层政府执行力意义重大。

（1）在思想上为基层干部“松绑”，摆脱不必要的精神负担。形式主义的根源往往是政绩观错位、责任心缺失，所以要坚持不懈用党的创新理论武装头脑，认真学习习近平总书记关于坚决整治形式主义的一系列重要讲话精神，让基层干部从思想上正本清源、固本培元，自觉抵制形式主义、官僚主义歪风。树立正确的政绩观，牢记政绩是要由群众参与“答卷”并“判卷”的，始终以群众的“利益”

为出发点，以群众的“幸福指数”为落脚点，踏实办好群众急难愁盼的大事和关键小事。例如，有的基层干部之前忙于应付各种形式上的检查、考核，学习后，深刻认识到应该把精力放在为群众解决实际问题上，于是主动深入群众，了解群众需求，积极推动村里的基础设施建设和产业发展等工作，切实提升了群众的生活质量，也让自己的工作更有价值和成就感。

（2）在实际工作中做“减法”，切实减轻基层的工作负担。进一步改进文风会风，发文时明确目的、突出重点，以“短实新”的发文讲清政策意图、摆明工作要求，避免长篇大论却缺乏实质内容的文件出现；开会时讲求效率，倡导开短会、讲短话，规避层层发文、级级开会、项项填表等现象发生，让基层干部跳出“文山会海”的束缚。同时，要厘清不同层级、部门、岗位之间的权责界限，建立健全务实合理的权责清单，构建责任边界清晰、任务分工合理的基层工作体系，让基层干部能够心无旁骛耕好自己的“责任田”、做好自己的“分内事”，切实提高基层工作效率和服务质量。比如，有的地方明确规定，某项具体民生工作由特定的部门负责到底，包括政策执行、后续跟进以及问题反馈等，其他部门不再随意插手或增加额外要求，这样基层干部就能清晰地知道自己的职责所在，集中精力做好工作，而不用陷入多头协调、职责不清的困境中。

（3）要在制度层面做“乘法”，强化对基层工作的支持与保障。科学制定贴合基层实际的督查检查方式和考核指标，让各类检查考核内容更加精简、更有明确目标、更贴合基层实际，改变过去听汇报、查资料、看示范点的“老三样”，推动简单考“材料”、查“痕迹”向重点考成效、看“潜绩”转变；在政策的制定出台上更加规范合理，杜绝“拍脑袋”式思维，进一步规范政策、法规的制定流程，通过召开联席会议、广泛征求基层意见等方式，切实提高政策的可操作性；把制度执行与强化监督结合起来，不定期通报曝光一些形式主义、官僚主义典型问题，对当前反映强烈的突出问题，作出一系列禁止性、限制性规定，同时梳理总结近年来整治形式主义为基层减负工作中的经验做法，把行之有效的典型经验固化下来上升为制度规范，让增加基层负担的形式主义无处立足。例如，有的地区在制定基层环境整治考核指标时，不再单纯看清理了多少垃圾、开展了几次活动等表面数据，而是重点考察环境质量是否真正得到改善、群众对环境的满意度如何等实际成效，促使基层干部真抓实干，把工作做到实处。

（4）推动基层干部回归服务群众本色。基层干部的本职就是服务群众，落实《整治形式主义为基层减负若干规定》的一个重要目标就是让基层干部真正回归这一本色。

首先，要让基层干部从烦琐的事务中解脱出来，把更多的时间和精力放在群众身上。通过减少不必要的报表、检查和考核，规范管理政务 App，防止过度留痕等措施，避免基层干部被形式主义的工作占据大量时间。例如，有的基层干部之前每天要花费大量时间在各种政务 App 上打卡、填报重复的信息，现在经过规范整合，只保留了必要的功能和使用要求，干部们就能有更多时间走进群众家中，了解他们的生活困难，及时提供帮助和服务。

其次，要激励基层干部积极担当作为，为群众办实事、解难题。建立健全容错纠错机制，让守信念、敢担当、会创新的基层干部卸下思想包袱，对于那些因为真抓实干、积极探索而出现一些小失误的基层干部，给予理解和支持，让他们感受到组织的关怀和信任，能够继续大胆地为群众谋福祉。同时，以正面典型为标杆，打好激励关爱

“组合拳”，营造风清气正的政治生态和干事创业的良好氛围，对那些在服务群众、推动基层发展等方面表现突出的基层干部进行表彰和宣传，让其他基层干部学有榜样、赶有目标，持续激励基层干部攻坚克难、真抓实干。比如，有的乡镇定期评选“服务群众标兵”，将他们的先进事迹在全镇范围内宣传推广，激发全体基层干部的工作热情。基层干部纷纷主动深入群众，积极解决诸如农产品销售难、农村基础设施建设滞后等实际问题，切实增强群众的获得感和幸福感。

最后，要加强对基层干部的培养和能力提升，使他们更有能力为群众提供优质服务。通过开展日常谈心谈话，了解基层干部的诉求，解决其后顾之忧，使基层干部能够全身心投入工作；经常性谋划举办基层干部培训班，重视基层干部的培养，着力推动编制职数、选拔激励等向一线倾斜，为基层事业发展夯实基础。例如，有的地方针对基层干部在乡村振兴工作中面临的产业发展、乡村治理等方面的知识短板，组织专业的培训课程，邀请专家学者和有经验的从业者来授课、分享经验，提升了基层干部的业务能力，使他们在服务群众、推动乡村发展的过程中更加得心应手，能够更好地带领群众走上致富路，建设美丽乡村。

（二）拓宽基层群众参政的渠道

强化基层群众的民主意识，充分利用和发挥基层群众的优势资源，鼓励基层群众广泛参与基层政府政策的制定。

1. 培养基层群众的民主法治意识，增强认同感

通过加强对基层群众的民主政治教育和宣传普及，明确基层群众的自治主体地位，增强基层群众的责任意识。加大法治知识的普及力度，引导基层群众合理表达利益诉求，积极参与政治生活。要提升

基层群众的政治素养，国家治理能力现代化的实现需要公众具备相应的参与能力。加强乡村文化思想建设，积极开展美丽乡村、文明家庭评比，开展文化下乡等志愿服务活动，提升人民群众的思想文化水平，更好地理解和支持基层治理。必须提高基层群众对国家政治制度和政策规范的解读能力。一方面，从硬件设施上要完善基层公共图书室、农家书屋等教育设施的配置。另一方面，要通过组织大学生村官、乡镇干部等高素质人才普及宣传等方式提高基层群众对政策的理解能力，并根据群众的需要及时进行答疑解惑。此外，有条件的基层政府可以充分挖掘和利用地方资源，邀请专业人士对基层群众进行知识培训，使群众掌握更多的相关知识，积极鼓励群众参与政治生活。

2. 在基层政府层面，要增加公众对基层政府工作的了解

为有效提高基层政府执行力，要让公众更多地参与到政府工作中。鼓励公众参与基层政府各项政策制定，一定的知识储备是提高公众参政意愿和参政效果的重要前提。基层政府可以通过各种媒介手段进行宣传介绍，构建多元化的公众参与渠道，如开听证会、网络问政、举办政府开放日活动等。同时，进一步完善制度，使公众参与制度化、常态化，培养公众对政府的合理期望。在公众参与的过程中，应当征求公众意见建议，并及时公开信息，帮助公众换位思考理解基层政府的困难，对政府抱有合理的期待。

3. 在公众层面，要鼓励公众参与基层政府政策制定

可以通过各种渠道让公众参与到基层政府各项政策制定中，配合和监督政府政策的执行，主动了解基层政府的主要职责和工作动态。多开展公众参政的相关活动，例如参与政府绩效评估，让公众在实践中获得更加直观的感受，不断积累参政的经验，提高公众参政议

政的能力。为确保公众参与的有效性：一方面，要建立公众参政的保障机制。例如，成立专业的公众咨询机构，让专业人士对公众进行培训和咨询，确保公众对参政活动有更加准确的理解。另一方面，要建立公众参政的责任制度。公众作为参政主体，不能出现过于随意，走流程、走过场或者完全不考虑政府部门的情况，为防止此类情况发生，对公众的参政行为在激励、鼓励的同时也要进行必要的约束。例如，在相关法律法规方面明确相关的条款，以确保公众参政的严肃性。

4. 逐步实现公众参政的渗透性

公众不仅是公共服务的接受者，也是社会治理活动的参与者，要充分尊重公民的合法权利，并将其置于公共管理活动中的重要位置。为改善公众参政人员和范围的有限性，提高公众参与的广度和深度，基层政府应采取措施，拓宽公众参政的渠道，提高公众参政的领域。凡是与公众生活相关的领域都应该逐步纳入公众参政的领域，给予公众充分的权力和相关保障，减少公众参政的后顾之忧。同时，也要理性引导公众参政的方式，避免出现公众以权谋私、滥用权力等情况的发生。

（三）确保基层政策的稳定性和科学性

1. 确保政策的稳定性

一个科学稳定的政策不仅能够获得基层干部和群众的认可，还能有效降低执行障碍和成本，并且是确保基层政府执行力的前提。因此，政策制定前要有充分的调查研究，确保相关决策的科学性和有效性，更重要的是获得群众的理解和支持。在调查研究基础上要经过相关部门的充分论证，并且要和基层干部和基层群众代表充分协商讨论，这样可以有效避免政策难以推进的问题。

2. 政策的合理性

政府政策的制定要坚持以习近平新时代中国特色社会主义思想为指导，兼顾当前和长远，保持政策的连续性和稳定性，引导形成市场合理预期，减少公众的顾虑，为可持续发展打下坚实的基础。为确保政策的合理性，要做到以下几个方面。第一，政策制定要以目标为导向。所有政策都必须基于对客观规律的认识，不能凭主观臆测。因此，要强化问题意识，就必须在不同利益主体之间反复斟酌，切实提出具有普遍性的、有价值的问题。第二，政策的制定必须具有可行性。要充分评估基层现有的资源条件，把基层有限的资源用在刀刃上。既要尽力而为，也要量力而行。不能为了一些不切实际的政策目标，而浪费宝贵的人力、物力和财力资源。第三，要通过正确的基层干部考核评价机制，引导基层政府树立正确的政绩观。要防止出现“新官不理旧账”。有什么样的考评机制，就有什么样的干部队伍。如果对基层政府的考评只看台账、只问干部、只看结果，评价结果就会失之偏颇。必须结合基层干部的实绩，多向群众了解实情，同时要兼顾过程考核，更全面客观了解基层情况，从而引导干部树立民本思想，做到真抓实干。

3. 确保对政策的准确理解

要克服政策解读的随意性，政策理解是否到位，是影响执行的关键。只有全面深刻理解相关政策才能更好地执行。要避免对政策的片面理解，或者选择性地执行。无论是大小政策都应该和出台政策的相关部门、相关人员进行充分的沟通确认，防止出现政策理解偏差，导致资源和时间被浪费，最终损害人民群众的利益，也影响执行效果。

4. 确保政策出台的前瞻性

当今时代，社会发展变化迅速，“计划赶不上变化”的情况时有发生。这就是新时代的特点之一。没有一成不变的事物，只有与时俱进的速度。因此，一方面，政策制定者要有长远的眼光，对未来要有前瞻性，能够利用经验和知识预判事物的发展变化，制定出更加符合时代发展需求的政策。另一方面，政策执行者也要有充分的心理准备，以不变应万变，储备应对复杂事务的经验和能力，与群众保持充分有效的沟通，获得群众的充分理解和支持，不要等到出现问题的时候才贸然解决，而是之前就要让群众做好充分的心理准备。

（四）营造良好的执行文化

执行文化体现在执行的各个方面，深深印刻在执行者的头脑中，影响执行者的行为。执行文化是执行力的内在驱动因素，在一个组织中一旦形成这种执行文化，执行就像吃饭、睡觉一样成为一种习惯。这时候的执行不需要监督和强制要求，执行者都能自觉完成工作。“当前公共精神在我国尚属稀缺资源，与提升政府执行力，推进国家治理现代化的价值诉求相去甚远。必须通过切实有效的制度设计，使公共精神根植于社会主体心灵深处，成为人们自觉认同的道德信仰、生活方式和行为习惯。”[1] 执行文化的打造需要一个漫长的过程，不能一蹴而就。

1. 要构建责任文化

构建责任文化，是激发基层政府内在动力、提升执行力的关键所在。责任文化能为基层干部注入使命感，强烈的责任心是提高执行力

---

[1] 孔凡河：《公共精神：政府执行力的价值跃迁引擎——基于国家治理的视角》，载《上海大学学报（社会科学版）》2016 年第 4 期。

的前提。心理学家维克多·弗兰克尔曾说过："人生的终极意义在于承担责任，去寻找很多人生问题的答案，从而不断完成对每一个人设置的任务。"[1] 当"责任"二字深入人心，每一位工作人员面对烦琐复杂的日常事务，如乡村振兴中的产业推进、社区治理里的环境整治，都会清楚认识到自身工作的意义。这种源于内心的责任，促使他们主动钻研政策、精准对接群众需求，而非机械执行任务。

从制度运行层面看，责任文化是润滑剂。明确各部门、各岗位责任归属，在责任文化浸润下，跨部门协作不再相互推诿，遇到难题时，大家基于责任担当积极协商，让政策落地更加顺畅。同时，责任文化也是监督的软约束。它营造出的舆论氛围，让不尽责行为无处遁形。群众监督、内部互评因责任文化成为常态，倒逼基层干部严谨务实。因此，唯有厚植责任文化土壤，基层政府执行力才能节节攀升，为社会发展注入源源不断的动力。

2. 传承优秀传统文化

政府的行政文化影响干部的思想、情感、价值观和行为选择等。基层干部应大力弘扬我国优秀传统文化，坚持实事求是思想，不断开拓进取、改革创新，把先进理念运用到工作之中，使政府行政向更加高效、廉洁、科学化方向发展。中华传统文化是中华民族生生不息、团结奋进的动力。新形势下，弘扬优秀传统文化，打造中国特色优秀文化精神，必须深刻理解我国优秀传统文化的深刻内涵。

（1）诚信文化。"诚信是诚信者的通行证，失信是失信者的墓志铭"，言而有信，说到做到也是决定执行力的关键。讲诚信自古以来在我们的传统文化中就占据十分重要的分量。讲诚信的人，不会食

---

〔1〕［美］杰拉尔德·W. 福斯特、理查德·I. 莱尔斯、威尔·菲利普斯：《责任制造结果》，陈小龙译，中信出版社2003年版，第2页。

言，徙木立信的典故让我们知道赢得信任至关重要。在组织中要营造人人讲诚信，敏于行，讷于言。按照“塔西佗陷阱”，如果基层政府执行过程中出现了失信于民的情况，想要再次获得群众的信任难度会大大增加。因此，要大力宣传诚信社会建设的重要意义，让全社会认识到失信行为的危害，做到自觉讲诚信，弘扬中华传统美德，发展社会主义诚信建设，树立维护诚信行为的良好风气。

（2）辩证思维。老子提出事物具有相互依存的辩证关系，“有无相生，难易相成”是这种关系的重要体现，表现为矛盾双方相互转化的一种普遍现象。韩非子提出“万物必有盛衰，万事必有张弛”，即矛盾是普遍存在的，任何事物都是一分为二的哲学观点。程颢、程颐提出“万物莫不有对，一阴一阳，一善一恶”，即任何事物都是对立面的统一。辩证思维于基层政府执行力意义重大。一方面，面对复杂事务能权衡利弊，如统筹发展经济与环保，精准施策。另一方面，处理干群矛盾时，既维护群众利益，又依规办事，找准平衡。用辩证思维，基层可灵活、稳健推动政策落地，提升效能。

（3）和谐观念。老子提出“人法地，地法天，天法道，道法自然”，认为万物皆有规律，必须按照自然规律行事，才能实现人与自然的和谐统一。孔子强调“礼之用，和为贵，先王之道，斯为美”。同样地，庄子提出“天地与我并生，而万物与我为一”，体现了众生万物皆平等的理念。荀子认为，自然界是有规律的，其中最根本的是“和”，提出“万物各得其和以生”。和谐观念对基层政府执行力助力颇多。在推动项目时，基层政府应兼顾各方利益诉求，协调企业、居民关系，减少阻力促落地。在处理邻里纠纷、群体矛盾时，基层政府应以和谐为导向，公正调解，凝聚人心。只有秉持和谐观念，基层政府才能营造良好氛围，保障政策顺利施行。

3. 坚持实事求是原则

执行过程难免出现失误和错误，导致执行效果不尽如人意，此时，要直面问题和困难，不避责。工作中不自欺欺人，坚持实事求是原则，遇到问题客观评价，及时分析反思，找出解决思路。领导干部应带头做到坚持实事求是原则，根据事实果断采取行动，避免延误时机，导致严重后果。干部平时也要坚持实事求是的作风，深入基层群众，了解真实情况，做到有的放矢。坚持实事求是原则就要力戒“形式主义”，避免在工作中流于形式，出现“假大空”的情况。例如，在工作中，有些干部为了迎合上级考核的指标任务出现瞒报、谎报、虚报的情况；有的为了政绩而制造假典型、假数据；有的在执行过程中口号喊得震天响，执行起来空空洞洞；有的执行搞表面文章，以文件落实文件，以会议贯彻会议，没有实质内容。形式主义违背了马克思主义实践认识论的根本要求，存在经验主义和主观主义的问题，长此以往，必将贻误党和国家事业的发展，损害人民群众的根本利益。必须以实事求是的精神，拿出实实在在的真本领，踏踏实实为群众排忧解难，解决实际工作中的问题。

4. 在组织中创造奖励文化

干部的积极性一定是鼓励出来的，一味地批评指责只会打击其积极性。要发挥干部的潜能，实现组织的目标，就要适时给予奖励。任何人都渴望被认可、被欣赏，领导者要善于利用人性的特点来管理。在工作中不要吝啬赞美之词，不忘及时奖励，以增强干部的信心。对于基层干部而言，受到尊重本身就是一种最大的认可方式。领导者不要过分强调自身的权力和权威，常常对下属采取命令式的口吻只会引起下属的抵触心理。只有能力不足的领导才会用权力让下属服从，优秀的领导会用领导艺术获得下属心甘情愿的追随。人心是相互的，领导者想获得下属的认可和尊重，就要对下属关心、尊重和鼓励。领导者要有包容的心，面对下属出现的一些工作上的失误，或者工作方法不得当而导致成绩不理想，不仅要指出问题，而且要帮助其分析出错的原因，还要提供有益的解决问题的思路。人非圣人，孰能无过。领导者自己也可能犯错，如果没有对下属的包容之心，会让下属工作的时候小心翼翼，难以充分发挥其潜能。

5. 构建“不找借口”的执行文化

党的二十届三中全会强调要“完善党中央重大决策部署落实机制，确保党中央令行禁止”。这就要求干部自觉在大局下行动，确保党中央关于进一步全面深化改革的重大决策部署不折不扣地落实到各地区各部门各领域。“没有任何借口”是西点军校奉行的最重要的行为准则之一，找借口就是推卸责任，就是不负责任，最后害人害己。要树立“不找借口”的思维方式，遇到问题首先不是踢皮球、甩锅，而是先反思自己的问题所在。懂得反思才有可能在每次的错误当中吸取教训，分析问题所在，找到解决问题的方法，防止未来再次出现类似的状况。养成反思的习惯，不仅不会因为他人的批评而感到受挫，反而会在反思中不断提升自己，完善自我。基层干部要在日常工作后复盘，精准察觉政策落实偏差，及时校准方向。面对群众反馈，总结反思不断精进，稳步提升执行力，持续优化服务流程。

七、合理配备执行资源，奠定执行的现实基础

高效的基层政府执行力需要配备合理的执行资源，即稳定和强化基层干部队伍，保障基层政府的资金投入，确保政务信息公开透明，优化与整合基层政府的执行流程，以奠定执行的现实基础。

（一）稳定和强化基层干部队伍

1. 建立科学规范的选人用人制度，确保让真正优秀的干部得到重用

有什么样的用人导向，就会有什么样的干部队伍。一要坚持“能岗匹配”的原则，强调干部的个人愿望、专业能力与其所在岗位需求相适应。二要严格落实好干部的标准，坚持德才兼备、以德为先的基本原则。要坚决防止投机取巧，工作挑三拣四，过于功利，只考虑政绩、形象，喜欢搞花拳绣腿，不考虑群众的实际需求，工作不够踏实。这样的干部，组织上应该要识别和防范，及时给他们提醒和教育。三要有良好的制度安排，让想干事、能干事的干部有施展本领的舞台和机会，激发干部干事创业的热情，营造鼓励实干的良好氛围。要落实容错纠错机制，让真抓实干的干部受到褒奖，弄虚作假的干部受到应有的惩戒。

2. 制定科学的考核评价机制和激励机制，激励干部担当作为

一要科学制定考核评价机制，真正起到鞭策鼓舞的作用，要根据不同岗位的干部分类设置考核内容。尽可能量化考核指标，不仅考核工作结果，也考核日常工作态度，更考核群众的口碑。二要把考核结果和物质奖励、政治待遇挂钩。激励机制要打破过去“干多干少一个样”的情况，要实现“多劳多得”的有效激励。激励不应仅体现在年终的绩效考评上，在日常工作中也应及时给予认可和奖励。奖励的方式不应仅是物质奖励，也要和晋升相挂钩。三要更多地提高绩效收入的比例。相比其他层级的政府，基层政府的工作条件相对较差，工资收入相对较低，但是基层干部的工作任务却比较繁重。多数干部的工资收入是维持家庭生活的主要来源，甚至是唯一来源，因此，基

本的物质保障应当满足。而且要拉开“多劳者”和“少劳者”的收入差距，真正实现多劳多得，激励干部的工作积极性。四要更多地对基层干部进行政治待遇方面的激励，相比其他层级的干部，基层干部的晋升空间有限，很多基层干部对未来职业发展信心不足。所以，有的基层干部工作积极性不高，甚至总是想通过各种方式离开基层，导致基层干部队伍的稳定性较弱。因此，应注重发挥政治待遇激励的作用，让想作为、能作为的基层干部看到希望，让他们获得职业认同感。

3. 加强基层干部在各个岗位的实践锻炼，提高解决实际问题的能力

促进乡村全面振兴离不开一支甘于奉献、业务精湛的基层干部队伍。因此，要着力选拔和培养一批能在乡村艰苦奋斗、勤政为民的基层干部，充实到基层政府的干部队伍中来。通过多岗位锻炼的方式提升基层干部的业务能力，通过科学安排基层干部教育培训坚定基层干部的理想信念与专业知识，让广大优秀干部立志扎根基层，服务乡村振兴事业，带领群众进行兴乡创业，推动建设经济繁荣、美丽和谐的乡村。经历就是财富，基层干部要按照“把每一件简单的事情做好就是不简单”的思维方式，踏实做好各项工作，尤其要教育引导年轻干部不要眼高手低，要把每个工作经历都当作自我成长的机会。同时，也要尽可能把合适的人放到合适的岗位，充分发挥每个人的优势。

（二）保障基层政府的资金投入

当前基层政府的财政收入有限，影响了政府相关职能的发挥。因此，要建立健全与基层政府目标任务相适应的财政保障机制，从融资

贷款、税费减免、公共服务、完善社会保障等方面加大财政支持力度。应加大公共财政向基层倾斜的力度，积极争取上级政府的支持，推动各项工作向纵深开展，提高财政支农资金使用效能。

1. 加大财政转移支付力度

当前的财政转移支付机制还有待完善，应进一步加强专项补贴管理、严格审查制度，优化税收返还比重、拓宽财政转移支付途径，保障财政转移支付资金及时到位并发挥重要作用。上级政府应充分考量基层政府的实际需求和财政缺口，建立科学合理的财政转移支付动态调整机制。根据基层地区的人口规模、经济发展水平、公共服务任务量等因素，精准计算并及时足额拨付一般性转移支付资金，以保障基层政府的基本运转和日常事务执行。对于承担重大战略任务、重点民生项目或处于特殊困难时期的基层地区，设立专项转移支付资金，并简化审批流程，确保资金快速到位。例如，在乡村振兴战略推进过程中，为基层农村地区专门设立乡村产业扶持、生态环境治理等专项转移支付资金，助力基层打造特色农业产业、改善农村人居环境。

2. 拓宽基层资金筹集渠道

赋予基层政府一定的财政自主权和政策优惠空间，鼓励其依法依规通过多种途径筹集资金。一是支持基层政府适度发行地方政府债券，用于具有一定收益的公益性基础设施建设项目，如污水处理厂、垃圾焚烧发电厂等，以项目未来的收益偿还债券本息。二是引导社会资本参与基层建设，通过公私合营（PPP）模式，吸引企业投资基层的交通、能源、教育、医疗等领域项目。例如，在基层医疗卫生领域，可由企业投资建设医院设施，政府提供政策支持并购买服务，实现双方互利共赢。三是鼓励基层政府开展招商引资活动，以优质的投资环境和资源优势吸引外部资金流入，带动本地产业发展和税收增长，为基层政府执行各项经济发展政策提供资金保障。四是大力发展乡村旅游。在乡村振兴背景下，乡镇应充分利用地方丰富的资源，采用“文、农、旅”结合的方式，大力发展乡村旅游；在加强基础设施建设基础上，进行特色农产品的生产和推广，利用好网络直播平台，充分挖掘当地的红色资源、民族资源和自然资源等，在提高当地村民收入的同时进一步增加政府税收收入。

3. 优化资金分配与管理机制

建立健全公平、透明、高效的资金分配制度，确保资金流向最急需、最能产生效益的基层项目和领域。在资金分配过程中，引入第三方评估机构，对基层政府申报的项目进行专业评审，依据项目的可行性、紧迫性、预期效益等指标确定资金分配额度。加强资金使用过程的监管，建立全流程的资金跟踪审计机制，利用信息化手段实时监控资金流向和使用情况，防止资金被挤占、挪用或浪费。同时，建立资金绩效评价体系，对基层政府资金使用的效果进行定期评估和考核，将评价结果与后续资金分配挂钩，激励基层政府提高资金使用效率。例如，对于资金使用效益高、政策执行效果好的基层政府，在下次资金分配时给予适当倾斜；反之，则减少资金分配额度或要求限期整改。

（三）确保政务信息公开透明

政务信息的透明性直接影响基层群众对基层政策的理解和判断，进而影响政策的有效执行。若基层政府的信息公开存在延后，或者存在信息传递偏差，必将影响执行的效果。因此，完善基层政府信息公开机制，确保信息的准确性和及时性，有助于构建透明高效基层治理新生态。

1. 拓展信息公开内容范围

一是深入梳理基层政府的职能职责和工作事项，制定详细的信息公开目录清单，除了常规的政策文件、工作动态、财政信息外，将民生工程进展情况、扶贫项目实施细节、社会保障政策落实情况、公共设施建设与维护信息等与民众切身利益密切相关的内容纳入公开范畴。例如，在农村地区，详细公开农村道路修建计划、资金来源、施工进度以及质量监督情况等，让村民清楚了解家乡建设动态。二是加强对行政权力运行过程的信息公开，包括行政许可、行政处罚、行政强制等执法信息，公开执法依据、执法流程、执法结果等，保障民众的监督权，规范基层政府行政执法行为。

2. 创新信息公开形式

一是构建多元化的信息公开平台体系。除了继续优化政府网站建设，提高网站的稳定性、便捷性和信息检索功能外，充分利用政务新媒体，如官方微博、微信公众号、抖音账号等，以图文并茂、短视频等形式及时发布信息，吸引更多民众关注。例如，制作生动形象的政策解读短视频，通过抖音平台传播，让复杂的政策法规通俗易懂。二是设立线下信息公开栏和信息查询终端。在基层政府办公场所、社区服务中心、村部等人员密集场所设置信息公开栏，定期更新信息内容，并配备电子信息查询终端，方便民众尤其是老年人等不熟悉网络操作的群体查询信息。

3. 强化信息更新及时性

一是建立信息发布审核与更新制度，明确信息发布的责任部门和责任人，规定各类信息的更新周期。例如，对于政策文件类信息，在文件出台后的 3 个工作日内必须发布；对于工作动态类信息，每周至少更新一次。二是利用信息技术手段，如设置信息更新提醒功能，对即将到期需要更新的信息自动提醒相关工作人员，确保信息的时效性。同时，对长期未更新信息的网站栏目或平台账号进行定期检查和清理，督促整改。

4. 提升信息公开互动性

一是搭建信息公开互动平台。基层政府要充分发挥网络媒体的作用，主动公开相关政务信息，自觉接受公众监督，搭建群众与政府的互动平台。如在政府网站和政务新媒体平台开设留言板、意见箱、在线访谈等功能模块，鼓励民众对公开信息进行评论、提问和建议。安排专人负责收集整理民众反馈信息，并在规定时间内（如 5 个工作日内）给予回复和处理。二是定期开展政策解读会、信息公开听证会等活动，邀请民众代表、专家学者、企业代表等参与，面对面地解答民众疑问，听取意见建议，促进政府与民众之间的深度沟通与交流。例如，在制定某项民生政策时，召开听证会，充分听取各方利益相关者的声音，使政策更加科学合理。

此外，必须减少信息传递的层级，及时进行信息反馈，纠正信息偏差，防止执行的主观主义，确保信息流通的畅通、准确、及时。同时，为了减少基层信息传递和反馈的重复性，避免耗费基层干部不必要的精力，应积极完善信息共享机制。

（四）优化与整合基层政府的执行流程

执行流程的科学性直接影响执行的效率，干部只有从烦琐的流程中解放出来，才有更多精力抓落实。基于日常工作经验的积累和敏锐的判断力，基层政府应形成一套成熟的可操作性强的常规流程。执行流程的制定程序：部门协商—梳理关键环节—合理排序—量化指标—确定流程—流程验证—反馈修正—再次确定流程—形成制度。

流程制定要注意以下几个方面，第一，执行流程要清晰。清晰的执行流程是保证执行效率的前提，也是将工作经验方法以程序化的形式固定下来的有效方式，为未来处理类似事情提供了可以遵循的方式方法，从而有效降低了执行成本。第二，执行流程设计要精细。该流程应该充分考虑基层实际可能发生的各种突发情况，并设计几个匹配的方案，让基层干部在执行时有的放矢。同时，该工作流程是可以随时补充调整和完善，不断提高科学性的。第三，流程应遵循简单化原则，尽可能将一些复杂流程精简为高效可行的简单流程，只要能达成执行目的，就可以减少一些不必要的中间流程。第四，政府执行要有据可循，要明确执行的标准，包括执行主体行为的规定、执行态度的要求以及执行效果。一方面，明确政府执行的内容，即“做什么”。这是政府的决策过程，为确保政策的合理性，要通过决策启动、公众参与、专家调研、论证评估、反馈修正等环节来保障决策的科学性。另一方面，明确政府执行的方式，即“怎么做”。执行方式的底线就是依法行政，这样才能为社会公众所接受，这也是确保执行力的重要前提。第五，完善执行的检查评估。执行流程要形成闭环，必须有监督检查，确保执行者各司其职，落实到位。为了完成监督检查任务，要成立专项检查小组，由专项检查小组定期和不定期开展检查，并记录检查情况，将出现的问题及时反馈给相关责任人。执行者需要在专项检查小组确定的时间范围内提出解决问题的措施。

执行流程也在不断发展变得更为科学和高效。学者拉塞尔·M.林登提出“无缝隙政府”理论，强调以结果、竞争为导向设计政府运营模式及服务流程，改变了传统以部门、职能为导向的政府运营模式。其特征是几乎没有分界线，去掉部门分割，去掉专业分工，拆毁割断和分裂工作过程的多重壁垒，代之以小规模的多专多能的小组负责整个工作任务。[1] 围绕目标运营的“无缝隙政府”更加关注结果，有利于政府组织执行力的提升。在此基础上，又有学者提出了“整体性政府”理论，强调政府部门从分散走向集中的整体性运作。传统的政府治理存在地域和功能上的交叉重叠，降低了政府执行力。各政府部门和层级基于自身利益的考虑，导致公共信息的封锁和公共资源的分割，难以形成部门间的有效协作，导致大量的碎片化，如功能碎片化、资源与权力碎片化、决策与执行碎片化等问题。整体性政府正弥补了新公共管理的上述碎片化问题，强调了结果导向，整合智能技术、信息和资源同时重视信任和责任感，是一个以公民需求为导向，以服务为基础的公共组织，为推动高效执行奠定了基础。

〔1〕［美］拉塞尔·M. 林登：《无缝隙政府：公共部门再造指南》，汪大海、吴群芳等译，中国人民大学出版社2002年版，第85页。

第六章　研究结论与未来展望

本书在乡村振兴战略背景下，以基层政府执行力为研究对象，以调查研究为基础，结合相关理论，分析影响基层政府执行力的关键要素，并由此提出增强基层政府执行力的对策建议，助推我国乡村振兴战略顺利实施。

一、研究结论

本书在乡村振兴背景下紧紧围绕基层政府执行力的现状进行分析，通过实证研究分析存在问题，通过理论分析找到问题的症结，并提出了增强基层政府执行力的对策建议。研究主要围绕五个方面开展：一是乡村振兴战略给基层政府执行力带来的挑战和相关研究的文献综述介绍；二是介绍基层政府执行力相关概念及理论基础，并且提出政府执行力的理论分析框架；三是通过实证调研了解基层政府执行力的现状及存在的主要问题；四是对影响基层政府执行力的四个要素，即执行主体、执行机制、执行资源和执行环境等进行深刻剖析；五是结合乡村振兴战略的发展要求，找到提升基层政府执行力的突破口。

本书研究的主要结论如下：

第一，基层政府执行力的四个要素相互影响。影响基层政府执行力的关键要素为：执行主体、执行机制、执行环境和执行资源。其中执行主体是基层政府执行力的核心要素，执行机制是基层政府执行力的保障要素，执行环境是基层政府执行力的支持要素，执行资源是基层政府执行力的基础要素。这四个要素之间是相互依存、相互影响的动态平衡关系。任何一个要素的变化都会引起其他要素的连锁反应，并且它们需要协同共进才能提升基层政府执行力。在政策执行过程中，四个要素之间还存在反馈循环关系。例如，执行环境的变化会反馈给执行主体，促使他们调整执行策略，完善执行机制，并积极争取和整合环保执行资源。这种反馈循环能够使基层政府不断适应环境变化，优化机制，整合资源，从而提升执行力。

第二，基层政府执行力水平总体较好，但仍有待提升。笔者调查研究发现，当前基层政府执行力的整体情况较好，群众对政府行政行为的满意度处于较高水平，这与当地群众积极配合政府执行政策相一致。同时，调研过程也发现，部分基层政府执行力仍存在一些不足，主要表现为选择性执行、低效率执行、机械执行、形式上执行、变通执行、不敢执行等。针对调研发现的问题，本书从执行主体、执行机制、执行环境以及执行资源等四个方面对影响基层政府执行力的核心要素进行分析。

本书研究认为，影响基层政府执行力的因素包括：首先，是基层干部的宗旨意识、担当意识、法治观念、内生动力、能力素质等干部自身因素。其次，基层政府执行力的机制因素，包括激励机制、考核评价机制、监督机制、政策制定等。再次，基层政府执行力的环境因素，包括政治环境、经济环境、社会环境以及法治环境等。最后，基层政府执行力的资源因素，包括财政投入、权责匹配、执行流程、信息公开，以及教育培训等。

第三，增强基层政府执行力需要多管齐下。基于调研和论证分析，在乡村振兴战略背景下增强基层政府执行力需要从几个方面着手：加强基层干部的党性修养，锻造优良作风；强化基层干部的教育培训，提高培训的实效性；提高基层干部的专业能力，增强服务群众工作本领；养成良好的执行习惯，提高基层干部的综合素质；完善基层政府的执行机制，确保考核评价客观公正；营造良好的执行环境，培育高效的执行文化；合理配备执行资源，奠定执行的现实基础。

二、研究局限与未来展望

（一）研究局限

本书以 A 省的调研为实证分析的素材，作为基层政府执行力的研究来说，选取对象的典型性、说服力还不够。提出的解决思路，更多停留在理论层面上，可操作性强的对策并不多。在未来的研究中，要尽可能增加调查研究对象的广度，使数据更有说服力。在分析过程中融入更多的新理论、新数据，在此基础上，提出的解决对策要符合基层实际，更有可操作性。

（二）未来展望

在乡村振兴战略持续推进的进程中，基层政府执行力研究有着诸多令人期待的发展方向。

1. 跨学科融合研究将成趋势

未来可整合管理学、社会学、政治学等多学科理论与方法，全方位剖析基层政府执行困境。例如，运用管理学流程优化理论，梳理乡村项目从规划到落地各环节，精准定位拖延症结；借助社会学调研手段，深挖乡村社会结构、人际关系对政策推行的潜在影响，为基层政府执行力提升筑牢群众根基。

2. 技术赋能研究不可或缺

大数据、人工智能技术蓬勃发展，基层政府借助数字化平台能实现精准决策与高效执行监督，如实时收集乡村产业数据、人口流动信息，依此调配资源，确保政策落地契合乡村实际；利用智能监控系统，对乡村基础设施建设、生态保护项目全程追踪，及时纠正执行偏差。

3. 比较研究有望深化拓展

不仅可对比国内不同地区基层政府执行模式优劣，总结因地制宜经验；还可放眼国际，研究发达国家乡村建设中政府作用发挥路径，汲取先进理念，为我国乡村振兴注入新活力，促使基层政府执行力在多元探索中迈向新高度，推动乡村走向繁荣。

附录一　乡村振兴战略背景下基层政府执行力问题的调查问卷

您好！十分感谢您参与本次问卷调查。本次调查的目的是了解基层政府执行力的现状，调查完全匿名，调查结果仅用于学术研究，请您按照实际情况填写即可。

1. 您的性别［单选题］

○男

○女

2. 您的年龄［单选题］

○30 岁及以下

○31—40 岁

○41—50 岁

○51 岁及以上

3. 您的最高学历［单选题］

○初中及以下

○高中/中专

○大专

○大学本科

○研究生

4. 您的工作年限（注：若您工作年限在 5 年半以内，则取 5 年

整；若您工作年限超过5年半，则取6年整。）[单选题]

○5年及以下

○6—10年

○11—20年

○21—30年

○31年及以上

5. 您的身份是 [单选题]

○市级以上政府工作人员（包括市级）（请跳至第8题）

○县级政府工作人员（请跳至第7题）

○乡镇级政府工作人员（请跳至第7题）

○村干部（请跳至第6题）

○群众（请跳至第6题）

6. 您对乡村振兴战略是否有所了解？[单选题]

○非常了解

○比较了解

○简单了解

○不了解

○一点也不了解

7. 您认为上级或本级政府制定的政策符合当地实际吗？ [单选题]

○非常符合

○比较符合

○一般

○不太符合

○非常不符合

8. 您对基层政府工作人员的整体评价［单选题］

○很好

○较好

○一般

○较差

○非常差

9. 您认为基层政府的政策宣传力度如何？［单选题］

○力度很大

○力度较大

○力度一般

○力度较小

○力度很小

10. 您认为基层政府工作人员的业务能力如何？［单选题］

○非常好

○较好

○一般

○较差

○非常差

11. 您认为基层政府工作人员的工作态度如何？［单选题］

○非常好

○较好

○一般

○较差

○非常差

12. 您认为基层政府执行力方面存在什么问题？［多选题］

□象征执行

□变通执行

□选择执行

□拖延执行

□机械执行

□不敢执行

□没有问题

13. 您认为在政府政策执行过程中，监督重要吗？[单选题]

○非常重要

○比较重要

○一般

○不太重要

○很不重要

14. 您认为当地群众对政府执行政策的配合程度如何？[单选题]

○非常配合

○比较配合

○一般

○较不配合

○非常不配合

15. 您认为基层政府执行力存在问题的原因有哪些？[多选题]

□政策制定脱离基层实际

□政府干部能力素质不高

□政府干部责任意识缺乏

□政府权责划分不明确

□群众对政府政策理解不到位

□政府考核评价机制不完善

□政府资金、人才等资源短缺

□监管制度不健全

□其他（请说明）________________

16. 关于如何提高基层政府的执行力，您有什么好的建议吗？［简答题］

____

附录二　乡村振兴战略背景下基层政府执行力的访谈提纲

1. 您对目前基层政府的执行力总体评价如何？基层政府在哪些方面做得比较好？存在的问题是什么？

2. 您认为基层政府执行力不足的主要原因是什么？

3. 目前的乡村振兴战略在本乡镇落实情况如何？基层政府是否将乡村振兴战略的相关政策落实到位了？

4. 对于进一步提高基层政府执行力，您有什么意见或建议？